中国法院2023年度案例

国家法官学院　最高人民法院司法案例研究院　/ 编

土地纠纷

（含环境资源纠纷）

中国法制出版社
CHINA LEGAL PUBLISHING HOUSE

《中国法院2023年度案例》通讯编辑名单

序

法治是治国理政的基本方式，司法是法治体系的重要基石。党的二十大报告指出，要坚持走中国特色社会主义法治道路，建设中国特色社会主义法治体系、建设社会主义法治国家。加快建设公正高效权威的社会主义司法制度，努力让人民群众在每一个司法案件中感受到公平正义。人民法院始终坚持以习近平新时代中国特色社会主义思想为指导，深入学习贯彻习近平法治思想，围绕“公正与效率”这一主题，践行新时代能动司法理念，把加强司法案例研究作为加快建设公正高效权威社会主义司法制度，坚持为大局服务、为人民司法的重要途径，通过发布具有普遍指导意义的典型案例，统一法律适用，提高审判质效，提升司法公信力，努力让人民群众在每一个司法案件中感受到公平正义。

“中国法院年度案例系列”丛书，是国家法官学院和最高人民法院司法案例研究院精选全国各高级人民法院每年选送的优秀案例，深入挖掘典型案例内在价值编辑的实用精品丛书，旨在总结提炼典型案例的裁判规则和裁判方法，发挥司法规范、指导、评价、引领的重要作用，大力弘扬社会主义核心价值观，增强全民法治意识和法治素养，展现新时代我国司法领域新发展、新成就。

本丛书自2012年编辑出版以来，已连续出版12年，每年年初出版，受到读者广泛好评。本丛书出版之初有15个分册。近年来，为顺应审判执行实践需要，更加全面反映我国司法审判执行工作的发展进程，响应读者需求，2014年度新增金融纠纷、行政纠纷、刑事案例3个分册，2015年度将刑事案例调整为刑法总则案例、刑法分则案例2个分册，2016年度新增知识产权纠纷分册，2017年度新增执行案例分册，2018年度将刑事案例扩充为4个分册，2022年度将土地纠纷（含林地纠纷）分册改为土地纠纷（含环境资源案例）分册。在全国各级人民法院的大力支持下，丛书编委会现编辑出版《中国法院2023年度案例系列》丛书，共23个分册。

“中国法院年度案例系列”丛书以开放务实的态度、简洁明快的风格，追求“好读有用”，主要体现出以下特色：一是选编案例来源广泛、时效性强。

国家法官学院和最高人民法院司法案例研究院每年通过各高级人民法院汇集全国范围内上一年度审结生效的典型案例近万件，使该丛书有广泛的精选基础，可及时、定期提供全国范围内新近发生的多种类型的新型、疑难案例。二是由法官释理说法，全方位深度挖掘案例价值。大多数案例由主审法官撰写“法官后语”，深入阐释案例的裁判思路和相关考量，充分发挥典型案例在司法裁判、类案参考、法学研究、行为指引、宣示教育等方面的价值，力求引发读者的共鸣与思考，为读者提供借鉴和启迪。三是编排依次以案由和法律适用问题为序，方便读者检索。丛书充分体现“以读者为中心”的理念，每册内容主要根据案由分类编排，每个案例主要围绕法律适用问题，用一句话精要概括裁判规则、裁判思路或争议焦点，以其作为主标题，让读者能一目了然，迅速找到所检索的目标案例。四是注重裁判文书再加工，高度提炼案例内容。案例编写突出争议焦点以控制篇幅，剔除无关信息，尽可能在有限的篇幅内为读者提供更多与争议焦点、所查类案相关的有效、有益信息。

中国法制出版社始终全力支持“中国法院年度案例系列”丛书的出版，给了作者和编辑们极大的鼓励。2023年，这套丛书将继续提供数据库增值服务。购买本书，扫描前勒口二维码，即可在本年度免费查阅往年同类案例数据库。我们在此谨表谢忱，并希望通过共同努力，逐步完善，做得更好，真正探索出一条编辑案例书籍、挖掘案例价值的新路径，更好地服务司法审判高质量发展、服务法治社会建设、服务学习研究法律的读者。

“中国法院年度案例系列”丛书既是法官、检察官、律师等法律工作者的办案参考和司法人员培训的实用教材，也是社会大众学法用法的经典案例读本，同时是教学科研机构与人员从事案例研究的良好系列素材。当然，案例作者和编辑在编写、编审过程中也难以一步到位实现最初的愿望，客观上会存在各种不足甚至错误，欢迎读者批评指正。我们愿听取各方建议，不断拓宽深化司法案例研究领域，立足新发展阶段，推动实现中国特色司法案例事业的高质量发展。

国家法官学院

最高人民法院司法案例研究院

2023年5月

目　录

Contents

土地纠纷

一、土地承包经营权纠纷

二、土地经营权纠纷

三、土地租赁合同纠纷

四、土地承包经营权合同纠纷

五、其他土地纠纷

环境资源纠纷

六、环境污染责任纠纷

七、生态环境保护公益诉讼

八、污染环境罪

土地纠纷

一、土地承包经营权纠纷

1

原土地承包人在临近承包期届满时播种导致现承包人无法播种的责任认定

——王某娣诉郑某东土地承包经营权案

【案件基本信息】

1. 裁判书字号

浙江省绍兴市中级人民法院（2021）浙06民终170号民事判决书

2. 案由：土地承包经营权纠纷

3. 当事人

原告（被上诉人）：王某娣

被告（上诉人）：郑某东

【基本案情】

郑某东于2012年3月30日经原转包方某村委会同意从接包人应某某处转移经营流转合同中的298.89亩土地，其中包括案外人孟某生、孟某华、王某羊的土地，期限至2019年12月31日止。2019年1月1日，郑某东与案外人孟某云签订《农村土地承包经营权转包（出租）合同》，转包孟某云的2.25亩土地，期限至2019年12月31日止。2019年11月初，郑某东在上述土地播种了小麦。2020年1月1日，王某娣分别与案外人孟某华、孟某兴、孟某珍、孟某云签订《农村土地承包经营权转包（出租）合同》，以每亩租金800元之价转包案涉土地，期限自2020年1月1日至2022年12月31日或2023年12月30日。后王某娣阻止郑某东收割涉案土地上郑某东的小麦，双方发生纠纷。现王某娣起诉要求郑某东赔偿其支出的承包流转款6904元及可得利益损失8630元。

【案件焦点】

1. 被告的耕种行为是否属于权利的滥用以及侵害了原告基于合同所取得的土地承包经营权的权益；2. 若构成一般侵权，侵权造成的损害结果应该如何计算以及原告在此案件中是否存在人为扩大损失的行为。

【法院裁判要旨】[①]

浙江省绍兴市越城区人民法院经审理认为：农作物种植具有时令性，浙江的小麦是每年的11月初播种，收割期在每年的五六月。被告作为长期从事大田承包的种植大户，明知合同期将届满，仍选择生长期较长的农作物耕种，致他人承包合同签订后无法耕种，存在过错，依法应承担民事责任。原告未依法主张权利，阻止他人收割小麦，造成损失；且在小麦收割期后未实施耕种，造成自身损失扩大，亦存有过错，理应承担相应责任。对于原告主张被告赔偿其支出的流转款损失，酌情支持半年，即至2020年6月止；其他可得利益损失，原告未提供证据，且其阻止被告收割小麦，给被告亦造成损失，故不予支持。

浙江省绍兴市越城区人民法院依照《中华人民共和国民法总则》第三条、第一百二十条，《中华人民共和国民法通则》第一百一十三条、第一百一十四条，《中华人民共和国侵权责任法》第六条第一款，《中华人民共和国民事诉讼法》第六十四条第一款，《最高人民法院关于适用〈中华人民共和国民事诉讼法〉的解释》第九十条规定，判决如下：

---

① 本书【法院裁判要旨】适用的法律法规等条文均为案件裁判当时有效，下文不再对此进行提示。

一、被告郑某东于本判决生效后三十日内赔偿原告王某娣支出的承包流转款 3452 元；

二、驳回原告王某娣的其他诉讼请求。

郑某东不服一审判决，提起上诉。浙江省绍兴市中级人民法院经审理认为：首先，《中华人民共和国民法典》第三百三十一条规定，土地承包经营权人依法对其承包经营的耕地、林地、草地等享有占有、使用和收益的权利，有权从事种植业、林业、畜牧业等农业生产；第三百三十三条第一款规定，土地承包经营权自土地承包经营权合同生效时设立。因此，王某娣在与案外人孟某华、孟某兴、孟某珍、孟某云签订《农村土地承包经营权转包（出租）合同》后即取得涉案土地承包经营权，依法享有对涉案承包土地的占有、使用、收益权利。王某娣向郑某东主张赔偿侵害其土地承包经营权所造成的损失依法有据。其次，郑某东主张王某娣与案外人签订转包合同时，均已知晓郑某东在承包土地上种植小麦的事实尚缺乏充分的证据证明。郑某东作为长期从事大田承包的种植大户，明知土地承包经营权期限即将届满，仍选择生长期较长的农作物耕种，致使王某娣在取得土地承包经营权后无法耕种，一审法院据此认定其存在过错并无不当。同时，一审法院也认定王某娣未及时依法主张权利且在小麦收割期后未实施耕种，对造成自身损失及损失扩大部分亦存在过错，综合双方过错程度，酌情确定郑某东应赔偿给王某娣的合理损失亦无不妥。

浙江省绍兴市中级人民法院依照《中华人民共和国民事诉讼法》第一百七十条第一款第一项规定，判决如下：

驳回上诉，维持原判。

【法官后语】①

本案案情看似简单，但法律关系较为复杂。原、被告就同一块土地和案外人之间成立土地承包经营权转包（出租）合同关系，尽管从合同期限来看租赁

---

① 本书【法官后语】对此类法律问题涉及的法律法规等内容进行了时效性更新，下文不再对此进行提示。

期限并未重合，但由于土地上种植物的特殊性，需要一定的生长周期才能最大限度地发挥租赁土地的经济价值，导致原、被告之间发生纠纷，即被告的种植行为导致了原告无法享有对涉案承包土地的占有、使用、收益权利，本质上应当属于侵权纠纷。本案审理的主要考量因素包括：

1. 基于事实层面，该案发生在浙江省绍兴市，浙江省的主要粮食作物为水稻、小麦等，具有一定的生长周期，从播种到收割往往需要几个月的时间。而被告作为种粮大户，对农作物的时令性应当知晓，却在承包期即将届满前仍播种生长周期较为缓慢的小麦种子，无视承包期即将届满的客观事实，致使在承包期内无法完成对小麦的正常收割，造成自己的经济损失，理应自担责任。且其此种行为，又导致现土地承包人无法进行播种，产生经济效益，故其也应对他人造成的经济损失承担过错责任。此种过错责任划分既符合一般公众的社会期待，也与法律规定相一致。

2. 基于法律层面，该案例虽然发生在《中华人民共和国民法典》实施以前，但是裁判要点以及判决结果与《中华人民共和国民法典》的精神并无二致。《中华人民共和国民法典》第三百四十条规定，土地经营权人有权在合同约定的期限内占有农村土地，自主开展农业生产经营并取得收益。但是本案中被告的做法明显侵害了土地经营权人自主经营并取得收益的权利，故本案适用当时《中华人民共和国民法总则》《中华人民共和国民法通则》以及《中华人民共和国侵权责任法》对案件实体进行审理认定，酌情判令被告赔偿原告合理经济损失，是在理解《中华人民共和国民法典》精神的基础上，才进行判决。另外，本案中原告未根据土地经营权流转合同起诉被承包人，追究被承包人的违约责任，也是值得注意和讨论的。作为承包人，可根据现实侵害选择起诉侵权人，亦可根据合同相对性选择起诉合同方。若本案中，承包人选择起诉合同方即某村委会，由某村委会负责对在土地上播种的侵权人进行“赶离”，从而基于合同义务将可耕种的土地交付给承包人，若无法达成的，则承担违约责任负责赔偿承包人的损失。但现实中，承包人往往碍于情面或者意图期满后继续承包讼争土地，会转而起诉侵权人，在法院审理侵权之诉中，对于被告的侵权行为是否属于权利滥用进行释法说理。笔者认为上述做法值得商榷，法院可考虑以合同之诉受案审理为宜。

3. 基于社会层面，作为法院，所作出的判决应当以事实为依据，以法律为准绳。一方面，本案中被告虽然播种小麦种子确是在自己承包期内，无可厚非，但是其收割时间却远远超出了自己的承包期，将“小麦种在了别人的土地上”，由此产生了过错责任导致承担赔偿责任，这能够警醒其他民众，在行使自己的权利时要考虑行为的延续性，有时合理的行为，一旦超出了合理的期限，便不再合法。另一方面，主张权利也须合法。本案中原告在得知自己权利受到损害时，与被告发生争议，采取了不让被告进行小麦收割的行为，进而导致土地闲置，进一步扩大了自己的经济损失，为此原告对经济损失也承担了部分责任。当得知自己的权利受到侵害时，应采取合理合法的途径解决问题，进行积极协商、请第三方调停、寻求有关部门的帮助、提起仲裁或者诉讼等。

编写人：浙江省绍兴市越城区人民法院　孟斌瑞　张海峰

2

回迁户土地承包经营权的认定及其权益保护

——卢某诉甲村村委会、甲村经济合作社土地承包经营权案

【案件基本信息】

1. 裁判书字号

江苏省扬州市中级人民法院（2021）苏 10 民终 4031 号民事判决书

2. 案由：土地承包经营权纠纷

3. 当事人

原告（被上诉人）：卢某

被告（上诉人）：甲村村委会

被告：甲村经济合作社

【基本案情】

1998 年，卢某作为甲村某村民小组的农户通过二轮土地承包合计承包土地 2.22 亩，承包期限截至 2028 年，并于 1998 年 8 月 1 日进行了二轮土地承包登记。2001 年 2 月 26 日，卢某将其户的户籍迁入乙镇。2001 年底前后，由某村民小组将卢某 2.22 亩承包土地予以收回。2006 年 3 月，甲村村委会将包括卢某 2.22 亩承包土地在内的某村民小组相关农户的承包地集中作为企业生产经营用地，其租金标准是：2006—2010 年的年租金为 650 元/亩，2011—2012 年的年租金为 750 元/亩，2013 年的年租金为 960 元/亩，2014—2015 年的年租金为 1050 元/亩，2016—2021 年的年租金为 1110 元/亩。其中 2006—2020 年的租金，甲村村委会已发放给某村民小组相关农户（不包括卢某）。

2017 年 10 月 31 日，卢某及其妻姜某为享受独生子女待遇将户籍由乙镇迁入某村民小组，甲村村委会承诺卢某享有本村村民同等义务、待遇，但卢某未分得土地租金分红，故要求依法判令甲村村委会给付租期内的租金，补偿土地租金收益分红 41300 元（自 2006 年起至 2019 年止以 2006 年每人每年分配 900 元、2019 年每人每年分配 2050 元平均计算两人合计 14 年的租金分红）。

【案件焦点】

1. 卢某是否享有涉案土地出租的租金利益；2. 租金数额如何计算；3. 卢某要求甲村村委会支付租金的诉讼请求是否超过诉讼时效。

【法院裁判要旨】

江苏省扬州市江都区人民法院经审理认为：公民依法对集体所有土地享有的承包经营权，受法律保护。根据《中华人民共和国农村土地承包法》第二十六条第一款、第二款的规定，承包期内，发包方不得收回承包地。承包期内，承包方全家迁入小城镇落户的，应当按照承包方的意愿，保留其土地承包经营权或者允许其依法进行土地承包经营权流转。卢某通过家庭承包取得土地承包经营权，并进行了二轮土地承包登记，对登记卡记载的 2.22 亩土地享有承包经营权。在承包期限内，卢某全家迁入小城镇落户，发包方不得收回和调整承包地。甲村村委会在卢某未交回承包地的情形下以卢某抛荒为由收回承包地，违反了上述法律规定。故卢某在起诉时以承包经营权人身份要求甲村村委会返还承包地，于法有据。卢某鉴于承包地已作为企业生产经营用地，在审理中撤回返还请求，系当事人自行处分权，予以准许。

第一，关于卢某是否享有涉案土地出租的租金利益。卢某、甲村村委会在审理中分别提交证据以证明卢某是否享有同村组村民的待遇。鉴于双方该项争议涉及的问题是卢某是否具有集体经济组织成员资格问题，而卢某提起本案诉讼是基于其对案涉土地享有承包经营权，故在本案中对集体经济组织成员资格问题不予理涉。卢某作为案涉土地的承包经营权人以诉讼的方式认可甲村村委会将其承包地作为企业生产经营用地。因此，甲村村委会已收取的2006—2020年度案涉2.22亩承包地的租金，属于卢某应得的既得利益。至于甲村村委会尚未收取的未到期租金，因尚未实际发生，本案不予理涉。

第二，关于租金数额如何计算。卢某主张甲村村委会向村民发放土地租金时，是按照每户人口进行发放。甲村村委会则予以否认，提出系按每户实际田亩数发放到各户。法院认为，卢某通过家庭承包取得的土地承包经营权，有权采取出租方式依法流转土地承包经营权。在此情形下，流转价款是按承包地的面积计收租金。因此，本案中，卢某应得的既得利益也应按其承包地面积来计算租金。

第三，关于卢某要求甲村村委会支付租金的诉讼请求是否超过诉讼时效。原告卢某现要求甲村村委会补偿土地租金收益分红的诉讼请求，属于债权请求权，而非物权请求权，应当适用诉讼时效规定。卢某知晓甲村村委会自2007年起每年向相关村民发放上一年度土地租金，而未向其发放租金。据此，卢某主张自2006年度以来的租金，应自2007年每年发放租金时起分别计算所主张的年度租金的诉讼时效。在《中华人民共和国民法总则》于2017年10月1日施行前，应按照《中华人民共和国民法通则》计算两年诉讼时效。在《中华人民共和国民法总则》于2017年10月1日施行后，根据《最高人民法院关于适用〈中华人民共和国民法总则〉诉讼时效制度若干问题的解释》第一条的规定，民法总则施行后诉讼时效期间开始计算的，应当适用民法总则第一百八十八条关于三年诉讼时效期间的规定；第二条的规定，民法总则施行之日，诉讼时效期间尚未满民法通则规定的二年或者一年，当事人主张适用民法总则关于三年诉讼时效期间规定的，人民法院应予支持。据此，卢某要求甲村村委会支付自 2006 年度至 2015 年度土地租金（2016 年实际发放）的诉讼请求，已超过诉讼时效。卢某虽主张自 2006 年度首笔租金发放后一直与甲村村委会村组交涉土地租金事宜，但未提供相应证据证明存在诉讼时效中断的情形，甲村村委会亦予以否认。故对卢某提出的给付土地租金中 2006 年度至 2015 年度土地租金该部分请求，已超过诉讼时效，不予支持。至于 2016—2020 年度的租金，以甲村村委会实际收取的每亩租金标准核算的案涉承包地的租金为 12321 元（2. 22 亩×1110 元/亩×5 年），鉴于该部分诉讼请求不超过诉讼时效，予以支持。

综上所述，对卢某要求甲村村委会给付土地租金中的 12321 元的该部分诉讼请求，予以支持，对其余部分的诉讼请求，不予支持。至于甲村经济合作社于 2020 年 3 月 20 日才成立，显然不是案涉承包地的发包方。故对卢某要求甲村经济合作社给付土地租金的诉讼请求，不予支持。

江苏省扬州市江都区人民法院依照《中华人民共和国农村土地承包法》第九条、第二十六条，《中华人民共和国民法通则》第一百零六条第一款、第一百三十五条，《中华人民共和国民法总则》第一百八十八条，《最高人民法院关于适用〈中华人民共和国民法典〉时间效力的若干规定》第一条第二款，《最高人民法院关于适用〈中华人民共和国民法总则〉诉讼时效制度若干问题的解释》第一条、第二条，《中华人民共和国民事诉讼法》第六十四条规定，判决如下：

一、甲村村委会在本判决生效之日起十日内给付卢某土地租金 12321 元；

二、驳回卢某的其他诉讼请求。

甲村村委会不服一审判决，提出上诉。江苏省扬州市中级人民法院经审理认为：卢某于 1998 年通过二轮土地承包合计承包 2. 22 亩土地，并进行了登记，对登记卡记载 2. 22 亩土地享有承包经营权。使用权的流转要建立在农民自愿、有偿的基础之上，允许承包人自愿将部分土地的使用权有偿转让或交给集体实行适度规模经营，但必须明确承包人对集体土地承包权利不变。2001 年，卢某在承包期限内将全家迁入小城镇落户，就涉案 2.22 亩土地承包经营权的流转问题，本案中并无证据证明卢某户曾自愿地将承包地交还给所在村集体，也无证据证明卢某户与所在村集体之间曾就承包地的交还事宜依法进行了交接确认。因此，本案中不足以认定卢某户已将涉案承包地交还给发包方，甲村村委会在未履行法律规定程序的情况下，以承包人抛荒为由收回承包地，违反了法律关于发包方在承包期内不得收回承包地的强制性规定。故一审法院认定卢某对案涉土地享有承包经营权，甲村村委会应依法给付卢某 2.22 亩土地租金收益符合法律规定，予以维持。甲村村委会主张卢某主动将涉案承包地交回村里无证据证明，不予采纳。甲村村委会主张卢某在 2017 年 10 月 31 日协议书中承诺其与妻子“户口迁进不享受任何待遇”，现卢某主张按协议享受土地租金收益，经审查认为，双方当事人就卢某户口迁进后是否享受村民待遇的约定，不影响卢某法定权益受侵害时主张权利，且村民待遇与本案的土地承包经营权纠纷亦不属同一法律关系，故甲村村委会的该项上诉理由不能成立。甲村村委会提出的卢某主张的 2016 年、2017 年土地租金已超过诉讼时效的上诉事由，经审查，根据查明的事实，甲村村委会自 2007 年起每年向相关村民发放上一年度土地租金，卢某于 2020 年 9 月 16 日向一审法院起诉主张权利，2016 年租金在 2017 年发放，因此，一审法院判决甲村村委会给付卢某 2016—2020 年度的租金，并不失当，故对某村该上诉理由，不予支持。

江苏省扬州市中级人民法院依照《中华人民共和国民事诉讼法》第一百七十条第一款第一项规定，作出如下判决：

驳回上诉，维持原判。

【法官后语】

为避免闲置、荒芜耕地或保持农地的持续耕作，有的村民将自家承包的耕地交给亲属或朋友耕作，有的村集体为了引入外来务农人员，集体代耕本村田地或有条件地将土地以出租等方式进行流转。这些由亲属、朋友代替土地承包人耕种，以及由外来务农人员代替本村集体耕作，或以出租等方式进行土地流转的现象，主要引发了以下类型的法律纠纷：

第一，送耕人（指将土地交与他人代耕者）与代耕人之间的纠纷。部分送耕人认为，当初代耕只是暂时地送给他人代为耕种，不是转让土地承包经营权，送耕人可随时要求代耕人返还耕地。而部分代耕人则认为，虽然当初是以代耕的名义来耕种，但自己多年来连续耕种，既为村集体和土地保养做了贡献，也成为实际承包者，应视为村集体以及原耕种人默认其实际取得土地承包经营权。另有部分代耕人认为，自代耕以来，其以自己的名义缴纳税赋，相关纳税凭证也是以代耕人的名义登记，这是有关部门对土地承包经营权变动的认可，送耕人无权再索回土地承包经营权。

第二，送耕人与村集体之间的纠纷。部分送耕人认为代耕人拒不交还土地的责任在村集体，因为案涉土地是村集体的土地且由村集体发包，其有责任确保代耕地交还给原土地承包经营户。还有部分送耕人直接认为，其是村集体成员，根据国家法律村集体必须保证其有必要的田地耕种，如果代耕人拒不交还土地，村集体就必须另外提供相同份额的同村其他土地让其耕种。

第三，回迁户与代耕人之间的纠纷。部分原来已经迁出户籍的农户，后来将户口迁回本村，并认为其仍保留原来的土地承包经营权，要求代耕人返还代耕地。

第四，回迁户与村集体之间的纠纷。部分回迁户并不直接向代耕人索要代耕地，而是认为村集体既然允许其迁户回乡，就是认可其村民资格，要求村集体确认其仍是该代耕地的土地承包经营权人，享有土地征用款分配权，或者要求村集体重新分配耕地。而大多数村民不认可回迁户可以重新取得土地承包经营资格，拒绝回迁户参与土地征用款分配，从而引发纠纷。本案即属于该类型。

第五，外来代耕人与村集体之间的纠纷。某些村集体以集体名义召集外村或外地人代耕本村土地，这些代耕人长年耕作于本村，不少已经驻地安家，生于斯，长于斯。若村集体要求收回代耕地或者国家征用村集体土地，则很可能导致外来代耕人和村集体之间产生争议。

在处理以上纠纷时，一般要确定当事人是否具有集体经济组织成员资格：如果当事人具有集体经济组织成员资格，便能获得土地承包经营权、土地征收补偿费；反之，便不能获得土地承包经营权、土地征收补偿费。集体经济组织成员资格已成为当前处理涉农案件的一把重要的钥匙。

具体到本案，本案的处理并没有从集体经济组织成员资格的角度出发，而是依据《中华人民共和国农村土地承包法》（2002年）第二十六条的规定。该条规定了承包方全家迁入小城镇、城市落户后原承包地处理方式的两种情形：(1) 承包期内，承包方全家迁入小城镇落户的，应当按照承包方的意愿，保留其土地承包经营权或者允许其依法进行土地承包经营权流转。(2) 承包期内，承包方全家迁入设区的市，转为非农业户口的，应当将承包的耕地和草地交回发包方。承包方不交回的，发包方可以收回承包的耕地和草地。第一种情形中，“承包方全家迁入小城镇落户”，指的是承包方户口迁入小城镇，还是指承包方保留农村户口而只是迁入小城镇工作、生活和居住，存在不同理解：如果理解为是指承包方户口迁入小城镇，其具有可操作性强的特点，但是可能会导致某一地区的人口畸形膨胀；而如果理解为是指承包方保留农村户口而只是迁入小城镇工作、生活和居住，与司法实践中采取户籍标准认定农村集体经济组织成员资格较为协调一致，但是过分强调“长期稳定性”，不利于农村第一产业的人员向第二产业、第三产业转移，可能会导致社会的僵化。也有意见认为，应当以迁出者是否享受非农户口的社会福利为标准。也就是说，不论承包方全家迁入小城镇时户口是否迁出，只要其并未享受非农户口的社会福利，就应保留其重新从事农业耕作的基本生存和发展权利。笔者赞同这种理解。

使用权的流转要建立在农民自愿、有偿的基础之上，允许承包人自愿将部分土地的使用权有偿转让或交给集体实行适度规模经营，但必须明确承包人对集体土地承包权利不变。结合本案，可以确认卢某户通过二轮土地承包取得2.22亩土地的承包经营权，2001年，卢某在承包期限内将全家迁入小城镇落户，并未享受非农户口的社会福利，应当保留其重新从事农业耕作的基本生存和发展权利。承包人在承包期限内将全家迁入小城镇落户，发包人无证据证明承包人曾自愿地将承包地交还给所在村集体，也无证据证明承包人与所在村集体之间曾就承包地的交还事宜依法进行了交接确认，不足以认定承包人已将涉案承包地交还给发包方。发包方在未履行法律规定程序的情况下，以承包人抛荒为由收回承包地，违反了法律关于发包方在承包期内不得收回承包地的强制性规定，应认定承包人对案涉土地享有承包经营权。本案的参考意义在于，发包方在承包经营权人未书面申请收回土地的情况下，应当积极引导土地以出租等方式进行流转，保护其承包收益权益。

值得一提的是，《中华人民共和国农村土地承包法》经2018年修订后，第二十七条第二款、第三款规定："国家保护进城农户的土地承包经营权。不得以退出土地承包经营权作为农户进城落户的条件。承包期内，承包农户进城落户的，引导支持其按照自愿有偿原则依法在本集体经济组织内转让土地承包经营权或者将承包地交回发包方，也可以鼓励其流转土地经营权。"

编写人：江苏省扬州市江都区人民法院　潘明礼　吴月

3

非家庭承包户内子女赡养父母且经营父母户内土地的，在其父母去世后，不当然享有土地承包经营权

——杨某诉杨某和土地承包经营权案

【案件基本信息】

1. 裁判书字号

吉林省长春市中级人民法院（2021）吉01民终1804号民事判决书

2. 案由：土地承包经营权纠纷

3. 当事人

原告（被上诉人）：杨某

被告（上诉人）：杨某和

【基本案情】

杨某和、杨某（曾用名杨某林）系兄弟。1997 年，杨某及其父母三人作为家庭联产承包合同承包主体分得土地，其中杨某父母分得 6 亩。此后杨某外出打工，杨某父母与杨某和一同生活，杨某将自己及父母一同分得的土地交给杨某和耕种。兄弟二人父亲去世后，其母曾到案外人杨某顺处生活不到一年，杨某将上述土地交由杨某顺耕种一年，后其母亲回到杨某和处生活，杨某和一直耕种上述土地至 2015 年土地确权给杨某。但杨某和只返还杨某本人分得的土地，对与杨某同一承包合同并确权在杨某名下的其父母分得的 6 亩土地拒绝返还杨某。

【案件焦点】

非家庭承包户内子女赡养父母且经营父母户内土地的，在其父母去世后，是否享有土地承包经营权。

【法院裁判要旨】

吉林省农安县人民法院经审理认为：农村家庭联产承包合同是以户为准的承包合同，杨某在 1997 年与父母共同承包村里土地，三人为承包土地合同承包方主体，在杨某父母去世后，家庭承包合同主体应为杨某一人，故 2015 年土地确权给杨某符合有关法律规定；杨某和虽在 1997 年后与父母共同生活，但杨某一直将自己连同父母分得的土地交由杨某和耕种，杨某亦尽了赡养父母之义务；在二人父母去世后，杨某和已无理由继续占用杨某承包的上述土地。故对杨某要求杨某和停止对杨某 6 亩土地的强行耕种并返还杨某的请求予以支持；土地直补折系由有关部门发放，杨某可通过其他方式予以解决，非人民法院管辖范围，故对杨某要求判令杨某和返还土地直补折请求不予支持；杨某要求杨某和给付自 2015 年至 2020 年共计 28000 元的请求，因杨某未向法院提交计算标准的有关证据，故对其请求不予支持。

吉林省农安县人民法院依照《中华人民共和国土地管理法》第十条，《中华人民共和国农村土地承包法》第十三条、第十六条，《中华人民共和国民事诉讼法》第六十四条规定，判决如下：

一、被告杨某和于本判决生效后立即停止对原告杨某承包的6亩土地的使用，并将上述土地返还原告杨某耕种；

二、驳回原告杨某的其他诉讼请求。

杨某和不服一审判决，提出上诉。吉林省长春市中级人民法院经审理认为：杨某及其父母三人作为家庭联产承包合同承包主体分得土地，在杨某父母去世后，家庭承包户内的土地应由杨某继续耕种经营，不存在继承问题。杨某在杨某和赡养父母期间，虽将自己的土地连同父母的土地交由杨某和实际经营，但不能因此认为案涉土地的承包经营权归杨某和所有。杨某和主张在其赡养父母时，杨某曾经承诺土地由其耕种，对于承诺一事杨某不持异议，但陈述只是说到地变动时止，其认为变动包括确权等。法院结合双方当事人协商赡养的时间等认为，杨某在承诺之时不能预见到以后发生确权事宜，故杨某所述不符合客观实际，应以至第二轮土地承包结束时即2026年12月31日为变动之时。二审审理过程中，杨某和陈述同意将父亲的土地返还杨某耕种，杨某不予认可，其要求耕种父母两人的土地，但现双方均不能在家庭承包合同中对父母两人的土地地块进行明确区分，考虑到本案杨某和赡养父母的行为，系良好家风的传承也是中华民族传统美德的弘扬，应予肯定。二审审理过程中，杨某和陈述其对于案涉土地从20纪80年代一直种到现在。综合上述论述及本案情况进行全面分析评判，考虑案涉土地剩余承包年限及双方父母的土地不能区分等情况，酌定案涉争议土地由杨某和继续耕种至2023年12月31日止，杨某和于2023年12月31日停止对案涉6亩土地的使用，并于上述期限内将案涉6亩土地返还杨某经营使用。另本案针对上诉请求的审理，对原审判决关于土地直补折的归还及赔偿损失问题予以维持。

吉林省长春市中级人民法院依照《最高人民法院关于适用〈中华人民共和国民法典〉时间效力的若干规定》第一条第二款，《中华人民共和国土地管理法》第十条，《中华人民共和国农村土地承包法》第十三条、第十六条，《中华人民共和国民事诉讼法》第一百七十条第一款第二项规定，判决如下：

一、撤销吉林省农安县人民法院民事判决；

二、上诉人杨某和于2023年12月31日停止对案涉6亩土地的使用，并将上述土地返还被上诉人杨某经营使用；

三、驳回上诉人杨某和其他上诉请求；

四、驳回被上诉人杨某其他诉讼请求。

【法官后语】

农村土地承包经营户是农村集体经济组织成员按照承包合同约定从事经营的主体单位，是针对我国土地制度所采取的一种特殊经营主体制度。农村家庭经济组织内部的家庭承包，是农村集体经济组织成员的一项权利，土地承包经营权来自集体成员和集体经济组织的合同约定。《中华人民共和国农村土地承包法》第十六条第一款规定："家庭承包的承包方是本集体经济组织的农户。"《最高人民法院关于审理涉及农村土地承包纠纷案件适用法律问题的解释》第二十三条第一款规定："林地家庭承包中，承包方的继承人请求在承包期内继续承包的，应予支持。"可见，我国法律及相关司法解释仅明确了林地承包经营权的继承。因家庭承包经营权主体为农户，家庭承包是以农户为单位而不是以个人为单位，故农村土地承包经营权属于家庭成员共同共有，不可分割。《中华人民共和国民法典》第一千一百二十二条规定，遗产是自然人死亡时遗留的个人合法财产。依照法律规定或者根据其性质不得继承的遗产，不得继承。农村土地承包经营权不属于个人遗产，故当家庭承包的农户中某一家庭成员去世后，承包地仍由其他家庭成员继续经营，并不发生承包经营权的继承问题。当承包经营户家庭的成员全部死亡，由于承包经营权的取得是以集体成员权为基础，该土地承包经营权归于消灭，不能由该农户家庭成员的继承人继续承包经营，更不能作为该农户家庭成员的遗产处理。如此规定，是为了保障农民的合法权益，保障耕种的连续性和稳定性，如果允许承包经营权继承，可能导致家庭承包户外的人员对该户原有土地享有承包经营权，从而导致实际耕种主体发生变化，不利于农村土地长期合理利用及承包人对土地进行管理和耕种。

实践中，农村土地承包经营户因子女成年、兄弟分家、赡养老人等原因，农户内部家庭成员之间要求分户、分割土地承包经营权的纠纷时有发生，对此，存在两种处理观点。一种观点认为，这类纠纷属于平等主体之间的纠纷，应为人民法院受理民事诉讼案件的范围，在户内符合条件的成员间均等分割。另一种观点认为，这类纠纷不属于人民法院受理民事诉讼案件范围。结合本案，作为户内成员的杨某及其父母与户外成员杨某和之间未就赡养问题通过相关程序对户内土地进行分户，亦未与发包方重新签订新的土地承包合同。因土地承包经营权证是土地承包经营权的合法权属凭证，土地承包经营中的“户”应以土地承包合同及土地承包经营权证书上载明的权利人为准，有别于户籍登记中的“户”，故杨某作为家庭承包户内现存家庭成员，其有权继续经营其父母所分得的家庭承包地。

土地是农民的衣食之源、生存之本。关于老人赡养问题而引发子女间争议的土地纠纷案件，《中华人民共和国老年人权益保障法》第十三条规定：“老年人养老以居家为基础，家庭成员应当尊重、关心和照料老年人。”第十四条第一款规定：“赡养人应当履行对老年人经济上供养、生活上照料和精神上慰藉的义务，照顾老年人的特殊需要。”同时，《中华人民共和国民法典》婚姻家庭编等相关法律均作了相关规定。赡养父母是子女应尽的法定义务，也是中华民族的传统美德，是社会主义核心价值观的弘扬。本案中，杨某和与杨某系同胞兄弟，都是对父母负有法定赡养义务的主体，其赡养义务非依法不能免除，这是血缘亲情使然，不应与财产分配相关联。杨某和与父母及杨某非为同一家庭承包户内成员，就父母赡养问题虽不存在书面的赡养协议，但事实上，杨某基于父母得到杨某和赡养而将承包土地交给杨某和经营，杨某和亦实际履行了赡养义务，其虽不享有案涉土地承包经营权，但可以认定其已通过实际赡养行为取得了案涉土地承包经营权。因杨某与杨某和就案涉土地经营权问题的口头协议中对何谓“土地变动”的履行期限约定不明，且案涉土地面积不能区分，故综合考量协议由来、履行情况、剩余承包期限等因素依法作出本案裁判，其原理符合我国现行的土地政策及精神。

针对本案纠纷需要说明的是，基于赡养问题产生的土地纠纷案件，一方面多发生于同胞手足之间，另一方面当事人可能法律知识比较欠缺，存在对法律的误解，我们应该切实加强法律宣传，主动延伸职能，将能动司法贯穿新时代新发展阶段审判工作始终，主动融入国家治理、社会治理之中，实现办理一案、治理一片，并保证案件处理的社会效果和法律效果相统一，在维护当事人合法权益，弥合亲情、解决家庭纠纷的同时，又对农村赡养老人的美德传承弘扬不无裨益。

编写人：吉林省长春市中级人民法院　高云燕

4

户内成员不能请求确认以家庭方式承包的土地承包经营权份额

——刘某平等诉靳某义土地承包经营权确认案

【案件基本信息】

1. 裁判书字号

北京市第一中级人民法院（2021）京01民终294号民事判决书

2. 案由：土地承包经营权确认纠纷

3. 当事人

原告（被上诉人）：刘某平、靳某慧、靳某龙

被告（上诉人）：靳某义

【基本案情】

1984年12月，刘某平与靳某义结婚，婚后育有一女靳某慧（1985年出

生)、一子靳某龙(1989年出生)。1987年前后,甲村开展第一轮土地承包工作。1997年5月,刘某平与靳某义离婚。靳某慧由刘某平抚养,靳某龙由靳某义抚养。1998年1月1日,甲村开展第二轮土地延包工作,靳某义代表家庭与甲村集体签订《土地承包合同书》,承包甲村土地8.63亩。1998年6月,刘某平与同村村民王某军结婚,后双方离婚。1999年9月17日,刘某平与王某奎结婚,婚后刘某平将户口迁往乙村,靳某慧户口也于同时期迁往乙村。1999年12月20日,王某奎代表家庭与乙村集体签订土地承包合同书,承包该村1.378亩土地。

2020年6月19日,刘某平、靳某慧诉至法院,要求确认刘某平、靳某慧各享有靳某义名下位于甲村8.63亩土地的四分之一份额。法院依申请依法追加靳某龙作为本案原告参加诉讼。

【案件焦点】

1. 以家庭方式承包的土地承包经营权权利人为家庭户还是户内成员;2. 户内成员是否可以请求分割以家庭方式承包的土地承包经营权。

【法院裁判要旨】

北京市延庆区人民法院经审理认为:我国实行以家庭承包经营为基础、统分结合的双层经营体制,以保持农村土地承包关系稳定并长久不变,维护农村土地承包经营当事人的合法权益,促进农业、农村经济发展和农村社会和谐稳定。土地作为农民重要的生产资料,任何组织和个人不得剥夺和非法限制农村集体经济组织成员承包土地的权利。刘某平与靳某义离婚后,双方因土地承包经营权份额确认产生纠纷,请求本院处理,本院应当受理。靳某义认可并同意确认靳某慧、靳某龙各享有案涉土地四分之一份额,对此本院不持异议。靳某义虽认可刘某平亦享有土地的四分之一份额,但主张刘某平应当先给付其树钱。对此本院认为,本案系确认之诉,不涉及土地的分割和分配,亦不涉及地上物的归属,靳某义该抗辩意见于法无据。

北京市延庆区人民法院依照《中华人民共和国农村土地承包法》第一条、

第三条、第五条、第六条之规定，判决如下：

确认刘某平、靳某慧、靳某龙各享有靳某义名下位于甲村 8.63 亩土地的四分之一份额。

靳某义不服一审判决，提起上诉。北京市第一中级人民法院经审理认为：靳某义代表家庭与甲村集体签订《土地承包合同书》后，其家庭即成为涉案土地的承包方，并按照《土地承包合同书》的约定，以家庭为单位享有权利，承担义务。此后，即使家庭内部人数因结婚、出生、去世等原因有所变化，承包经营仍然是以户为单位，即涉案土地的最小承包单元是农户，而不是农户内的家庭成员。家庭内部成员在承包合同有效期内依法平等享有承包土地的各项权益，但不是按份共有，不存在份额。因此，刘某平、靳某龙、靳某慧无权就涉案家庭承包土地确认份额。各方就涉案家庭承包土地享有权益的分割，可另行解决。

北京市第一中级人民法院依照《中华人民共和国农村土地承包法》第十六条第一款、《中华人民共和国民事诉讼法》第一百七十条第一款第二项之规定，判决如下：

一、撤销北京市延庆区人民法院民事判决；

二、驳回刘某平、靳某龙、靳某慧的诉讼请求。

【法官后语】

本案主要涉及农村土地承包经营权的份额确认问题。《中华人民共和国民法典》（以下简称《民法典》）明确了农村土地承包经营权的物权性质，规定其于用益物权规范体系之中。《中华人民共和国农村土地承包法》（以下简称《农村土地承包法》）第五条规定："农村集体经济组织成员有权依法承包……任何组织和个人不得剥夺和非法限制农村集体经济组织成员承包土地的权利。"从文义解释的角度来说，集体经济组织成员为承包地的权利人。而该法第十六条第一款规定："家庭承包的承包方是本集体经济组织的农户"，此处的"承包方"是直接表明农户为家庭承包的权利人，还是只作为承包合同的相对方，依据承包合同取得承包经营权的户内成员才是实际权利人？如果农户为农村土地承包经营权权利人，那么户内成员是否可以行使对土地承包经营权进行份额确认和分割的权利?

基于上述问题，本案的裁判明确了三个方面的问题:

其一，农村土地承包经营权不属于自然人个人私有财产，其权利归属于农户。一方面，认定农户为以家庭方式承包的土地承包经营权权利人，符合我国以家庭承包经营为基础、统分结合的双层经营体制的基本制度，并且契合土地经营权流转应当坚持农村土地农民集体所有、农户家庭承包经营的基本制度。另一方面，农户为权利主体有更为明确的规定，《最高人民法院关于审理涉及农村土地承包纠纷案件适用法律问题的解释》将农户确立为以家庭承包方式承包农村土地的承包方，依《中华人民共和国农村土地承包经营权证管理办法》监制的《农村土地承包经营权证》中自然人个人仅为承包方代表或承包方成员；同时，依体系解释和“保持农村土地承包关系稳定并长久不变”的目的解释，在《农村土地承包法》第十六条第一款规定家庭承包的承包方是农户情形下，该法第五条规定的是集体经济组织成员的一种成员权，也即该权利是一种期待权、资格权，是一种应然的状态，而与发包方签订承包合同取得承包经营权的承包方（农户）才是实然权利的主体。

其二，农户内的家庭成员平等享有承包土地的各项权益，对土地承包经营权并非按份共有，无法请求对土地承包经营权进行分割或确认份额。虽然，在取得农村土地承包经营权时，发包方是按照“一人一份”的等分原则进行发包的，但是“一人一份”只是该权利创设取得时的量化方式而已，如上文分析，农户是农村土地承包经营权的最小权利主体单位，不可再分，依据《农村土地承包法》第十六条第二款规定，农户内家庭成员依法平等享有的是承包土地的各项权益。而按照《民法典》第三百零八条“共有人对共有的不动产或者动产没有约定为按份共有或者共同共有，或者约定不明确的，除共有人具有家庭关系等外，视为按份共有”的明确规定，农户内家庭成员对承包土地上各项权益的享有状态亦为经营权，形成的是一种共同共有关系，农村土地承包经营权的整体权利及直接衍生权益范围内均不存在按份共有这一权属状态。按照《民法典》物权编的一般原则，共同共有人只有在共有的基础丧失或者有重大理由需要分割时才可以请求确认和分割，同时，要求将土地承包经营权进行份额处分，属于对共有物的一种法律处分行为，本案户内成员作为共同共有人并未就确认涉案土地承包经营权份额达成一致意见，不具备确认份额和分割的条件。

其三，以农户为土地承包经营权权利主体的认定不应也不会“蒙蔽”户内成员个人实现承包土地上的各项权益。依法对承包地享有权益的户内成员，可依据《民法典》等对共有财产或权益分割的相关规定对其在承包地上享有的权益，如征地补偿所获财产进行分割。本案未支持户内成员对土地承包经营权份额确认的请求，并非否认户内成员依法平等享有对承包经营权的各项权益。按照《民法典》物权编的一般原则，共同共有人在共有的基础丧失或者有重大理由需要分割时，可以请求确认和分割共有物，如土地被征用而产生的各种补偿款项应予以平均分配。在判决中写明“各方就涉案家庭承包土地享有权益的分割，可另行解决”，即为此意。

编写人：北京市延庆区人民法院　肖凤

5

持有林权证但没有实际分得林地的所有农户对林权证所涉山林均享有按份共有的权利

——周甲诉某居委会、某村民小组承包地征收补偿费用分配案

【案件基本信息】

1. 裁判书字号

云南省寻甸回族彝族自治县人民法院（2021）云 0129 民初 1339 号民事判决书

2. 案由：承包地征收补偿费用分配纠纷

3. 当事人

原告：周甲

被告：某居委会、某村民小组

【基本案情】

2009年，某村民小组实行均山到户，将村集体所有的A处、B处和C处三处集体林地发包给全村共60家农户承包经营，首先发包丈量的是A处林地，丈量几家后，因有村民嫌自己所分到的林地不好与分山人员发生争执，导致整个分山工作没有完成，某村民小组没有把上述林地实际分配到各农户。后因乡林业站催交申办林权证的相关材料，村主任、副主任按各家的人口数折算林地面积（每个人口8分）报到林业站，经县林业局审核登记后，某县人民政府于2010年3月向某村民小组的农户颁发了《中华人民共和国林权证》。其中，有25家村民取得C处的林权证，登记的林地总面积为84.40亩。原告周甲持有的林权证载明：林地所有权权利人为某村集体，林地使用权人为周乙（实际应为周甲，名字系误登），森林或林木所有权权利人为周乙，森林或林木使用权权利人为周乙，林地坐落于某村，小地名为C处，四至界限为：东至大路为界；南至周丙的交界；西至B处边；北至汪某某的交界，面积4亩，主要树种为云南松，林种为用材林，林地使用期为50年，终止日期为2060年3月29日。

2016年10月下旬，因修建高速公路永久征用某村民小组C处的15.1363亩林地，土地补偿费184042.27元及林木补偿费24218.08元已由高速公路建设单位打入某居委会、某村民小组的账户，因某居委会、某村民小组及村民对如何分配上述款项争议较大，致使上述款项没有进行分配。周甲等农户遂诉至法院，要求按照自己林权证上的面积及每亩的补偿标准分配林木补偿费。

截至目前，高速公路建设项目寻甸境内的征地拆迁补偿工作尚未完全结束。

【案件焦点】

1. 原告依法持有林权证，但并没有实际分过山，有无权利获得林木补偿费；2. 若原告有权分配，应如何进行分配。

【法院裁判要旨】

云南省寻甸回族彝族自治县人民法院经审理认为：《中华人民共和国民法典》第三百零八条规定："共有人对共有的不动产或者动产没有约定为按份共有或者共同共有，或者约定不明确的，除共有人具有家庭关系等外，视为按份共有。"案涉林地C处依法为某村民小组所有，某村民小组有权在上述林地上依法设立土地承包经营权等用益物权，但因2009年均山到户时村集体并未把案涉林地实际分配到各农户，林权证上登记的林地位置、四至界限及面积等内容信息与实地情况严重不符，无法指认出各农户林地的具体位置，故2009年的"均山"应视为实际上只是把案涉林地C处的林地使用权及林木所有权、使用权按份（各家的林地面积是明确的）确认给25家农户共同行使，但没有具体确认到户，属于"均权而未均山"的情形，此次共有的林地因修路被永久性征收占用，持有C处林权证的25家农户依法有权获得补偿，各农户可按照各自所持林权证上登记的林地面积占C处林地总面积的比例参与林木补偿费的分配，故周甲所应获得的林木补偿费为1147.78元（4亩÷84.40亩×24218.08元）。

云南省寻甸回族彝族自治县人民法院依照《中华人民共和国民法典》第二百零九条第一款、第二百四十三条、第二百六十条、第二百九十八条、第三百零八条及《诉讼费用交纳办法》第十三条、第二十九条之规定，判决如下：

一、由被告某居委会、某村民小组在判决生效后10日内支付原告周甲林木补偿费1147.78元；

二、驳回原告周甲的其他诉讼请求。

判决后，双方当事人均未上诉，本判决现已生效。

【法官后语】

在村集体未实际把集体林地发包给农户，但县级以上人民政府和林业部门却向农户颁发林权证（即"均权而未均山"）且案涉林地被部分征收征用的情形中，各农户与村集体、村委会之间如何就土地补偿费、地上附着物和青苗补偿费等费用进行分配，通常会有三种意见：

一是认为有证即为有权，林权证系县级以上人民政府和林业部门颁发，非经依法撤销即为有效，不管林权登记对错，人民法院只能按照林权证的登记面积认定村集体和村委会向农户支付的林木补偿费；二是认为司法活动应当重点考量客观正义，而不必拘泥于经过查明已确认属于不实登记的林权证，确认林地林权仍属村集体所有，林木补偿费亦应由村集体享有而驳回农户的诉讼请求；三是认为“均权而未均山”只是未把林地实际分配给各农户，但就整座山林的林权已从整体上确认给了各农户行使，故可以认定由各农户按自己林权证上的面积占被征占用林地的比例参与林木补偿费的分配。

《中华人民共和国民法典》第三百零八条规定：“共有人对共有的不动产或者动产没有约定为按份共有或者共同共有，或者约定不明确的，除共有人具有家庭关系等外，视为按份共有”，《最高人民法院关于适用〈中华人民共和国民事诉讼法〉的解释》第一百一十四条规定：“国家机关或者其他依法具有社会管理职能的组织，在其职权范围内制作的文书所记载的事项推定为真实，但有相反证据足以推翻的除外……”通过对上述规定的比较分析可以发现，第一种意见忽略了林权错误登记的客观事实，机械认定林权证的行政确认、宣告效力，而没有从诉讼证据的证明效力角度对林权登记内容的真伪进行甄别，若按该意见裁决，可能形成农户享有补偿费请求权的林地面积多于实际补偿的面积（案涉林地只有部分被征用），可能会导致实际取得的林木补偿费不足以让所有的农户都按照各自所持林权证上登载的面积及补偿标准获得分配，故不应按该意见对本案进行裁判；第二种意见虽然体现了客观正义，但实际上是未经有权部门行使职权或行政诉讼依法撤销即直接否定了林权证的行政确认、宣告效力，并没有解决林权证因错误登记而造成的林权行政确认、宣告效力与作为诉讼证据的证明效力之间的矛盾；第三种意见则是把持有案涉林地林权证的全部农户视为按份共有的一个整体，总体享有案涉林地的林木补偿费获得权，由农户按各自所持林权证上登载的林地面积占案涉林地总面积的比例按份参与此次实际获得的林木补偿费的分配，既从总体上肯定了林权证的行政确认、宣告效力，又从诉讼证据的效力认定角度对林权登记内容的真实部分（案涉林地的总面积和各农户所持林权证登载的林地面积）与不实部分作了区分，依据真实的数据作出裁判，较好地解决了林权证因错误登记而造成的林权行政确认、宣告效力与作为诉讼证据的证明效力之间的矛盾，体现了维护农户合法权益的客观正义，这显然是定纷止争的最佳裁判思路。

事实上，本案只是相关三件系列案件中的一件，某村民小组持有案涉林地林权证的农户共有25家。承办法官通过深入调查走访和研究分析，采用第三种意见作出裁决。宣判后，原、被告均表示认可法院的判决，服判息诉。

该类案件在权利凭证的效力认定和行为性质、实体裁处等方面存在争议，本案的处理结果和裁判的事理分析获得了当事人的一致认同，对今后的类案裁判具有参考价值。

编写人：云南省寻甸回族彝族自治县人民法院　龙正勇

6

村民能否通过民事诉讼撤销村民代表会议所作决定

——周某海等诉某村委会承包地征收补偿费用分配案

【案件基本信息】

1. 裁判书字号

江苏省盐城市中级人民法院（2021）苏09民终5334号民事裁定书

2. 案由：承包地征收补偿费用分配纠纷

3. 当事人

原告（上诉人）：周某官、黄某香

原告：周某海

被告（被上诉人）：某村委会

【基本案情】

周某海、周某官、黄某香系某村二组村民，在该村均享有承包地。案涉项目需征收某村部分土地，周某海0.59亩土地、周某官3.18亩土地、黄某香2.91亩土地在拟征收范围内。2021年2月6日，某村委会召开村民代表会议，通过了《某村被征地农民社会保障工作方案》（以下简称《工作方案》）。后周某官、黄某香被纳入《某村被征地农民社会保障工作确定人员表公示（调整）》名单，周某海未被纳入该名单。周某海、周某官、黄某香认为《工作方案》违反法定程序，侵害其合法权益，故诉至法院，要求撤销《工作方案》。

【案件焦点】

原告作为村民是否可以申请法院予以撤销《工作方案》，本案是否属于民事诉讼受案范围。

【法院裁判要旨】

江苏省东台市人民法院经审理认为：《中华人民共和国民法典》（以下简称《民法典》）第二百六十五条第二款规定："农村集体经济组织、村民委员会或者其负责人作出的决定侵害集体成员合法权益的，受侵害的集体成员可以请求人民法院予以撤销。"《中华人民共和国村民委员会组织法》（以下简称《村民委员会组织法》）第三十六条第一款规定："村民委员会或者村民委员会成员作出的决定侵害村民合法权益的，受侵害的村民可以申请人民法院予以撤销，责任人依法承担法律责任。"第二十七条规定："村民会议可以制定和修改村民自治章程、村规民约，并报乡、民族乡、镇的人民政府备案。村民自治章程、村规民约以及村民会议或者村民代表会议的决定不得与宪法、法律、法规和国家的政策相抵触，不得有侵犯村民的人身权利、民主权利和合法财产权利的内容。村民自治章程、村规民约以及村民会议或者村民代表会议的决定违反前款规定的，由乡、民族乡、镇的人民政府责令改正。"从上述法律规定看，村民如果认为村委会或集体经济组织的决定侵害其合法权益时，享有申请人民法院撤销的权利。而对于村民会议或村民代表会议的决定，村民如果认为侵害其合法权益，法律并未赋予其申请人民法院撤销的权利，而是规定由乡镇人民政府责令改正。本案中，《工作方案》经过某村村民代表会议通过，属于村民代表会议决定，故三原告起诉撤销该工作方案，不属于人民法院民事案件受理范围。

江苏省东台市人民法院依照《中华人民共和国民事诉讼法》第一百一十九条第四项、第一百五十四条之规定，裁定如下：

驳回原告周某海、周某官、黄某香的起诉。

周某官、黄某香不服一审裁定，提出上诉。江苏省盐城市中级人民法院经审理认为：第一，《民法典》第二百六十五条第二款与《村民委员会组织法》第三十六条第一款规定的内容基本相同。同时根据《村民委员会组织法》第二十七条的规定，集体经济组织成员如果认为村民委员会或集体经济组织的决定侵害其合法权益，有权申请人民法院撤销。但法律并未赋予集体经济组织成员直接向人民法院申请撤销村民会议或村民代表会议决定的权利。集体经济组织成员如果认为村民会议或村民代表会议的决定侵害其合法权益，可依法向乡镇人民政府申请责令改正。第二，本案中，2021 年 2 月 6 日，某村委会召开村民代表会议讨论通过《工作方案》的事实，有当日下午某村村民代表会议记录为证；该工作方案的形式和内容均为关于某村被征地农民社会保障的工作方案。应认定《工作方案》系某村村民代表会议的决定。该工作方案不因某村委会的盖章而成为该村委会的决定。依据前述规定，周某海、周某官、黄某香如果认为该工作方案侵害其合法权益，可依法向乡镇人民政府申请责令改正。周某海、周某官、黄某香要求撤销《工作方案》，不属于人民法院民事诉讼受理范围。一审法院裁定驳回周某海、周某官、黄某香的起诉，符合法律规定。

江苏省盐城市中级人民法院依照《中华人民共和国民事诉讼法》第一百七十条第一款第一项、第一百七十一条之规定，裁定如下：

驳回上诉，维持原裁定。

【法官后语】

本案争议焦点为原告是否可申请法院撤销《工作方案》，对此有两种不同的意见。

一种意见认为，根据《民法典》第二百六十五条及《村民委员会组织法》第三十六条规定，农村集体经济组织、村民委员会或者其负责人作出的决定侵害集体成员合法权益的，受侵害的集体成员可以请求人民法院予以撤销。《工作方案》系由某村委会召开村民代表会议讨论通过，且某村委会在该工作方案上加盖印章，根据某村委会对《工作方案》通过过程中发挥的作用以及其最终以盖章形式对决定进行确认的情形，该工作方案应当视为某村委会的决定，集体成员若对该决定不服，可以申请法院撤销。若否定集体成员的撤销权，将使其权益难以得到有效救济，故本案属于民事诉讼受案范围，应对是否满足撤销情形进行审查并作出判决。

另一种意见认为，一方面，出于尊重基层群众自治，《民法典》等法律并未赋予集体经济组织成员直接向人民法院申请撤销村民会议或村民代表会议决定的权利。虽然《工作方案》最终由某村委会加盖印章发布，但实际上是由某村村民代表会议通过民主形式讨论通过的，是村民根据法律规定行使村民自治的结果，依法不属于村民可请求法院撤销的范畴。另一方面，虽然民事诉讼程序对原告的撤销权予以否定，但原告可以依据《村民委员会组织法》第三十六条的规定向乡镇人民政府申请对案涉村民代表会议作出的工作方案责令改正，即通过行政途径予以救济，故民事诉讼不受理并不会使原告权益陷于无处救济的境地。

笔者认为，《村民委员会组织法》的立法目的系为发展农村基层民主，保障农村村民实行自治，由村民依法办理自己的事情。农村基层民主有两种形式，一是村民通过村民会议、村民代表大会等形式实现直接民主；二是通过选举产生的村民委员会实现间接民主。对于前者，其决定系全体村民或大多数村民意志的直接体现，对其决定予以尊重系保障村民自治的应有之义，若允许集体成员动辄诉诸法院对该类决定进行审查并可予以撤销，不符合司法的谦抑性，亦不符合基层治理的稳定需要。对于后者，其作出决定并非直接出自多数村民的意志，可能会出现少数人因私利需要擅自决定并侵害到其他集体经济组织成员合法权益的情形，故而法律明确规定，当村民委员会作出的决定违法时，村民可通过诉讼方式撤销村民委员会的决定，以防止村民委员会或其成员滥用权力侵害村民的合法权利。本案中，《工作方案》系由村民代表大会以民主形式讨论通过，是村民集体意志的直接体现，实质为村民代表大会作出的决定，不因某村委会在方案上盖章而转变为村委会的决定，原告要求撤销该方案不具备民事诉讼的请求权基础，依法不属于民事诉讼的受案范围，故应当裁定驳回其起诉。同时，从村民权益保障的角度，否定本案属于民事诉讼受案范围并不意味着原告作为村民丧失了法律上的救济途径，原告可依据《村民委员会组织法》第二十七条之规定，通过行政途径申请乡镇人民政府对《工作方案》责令改正。

编写人：江苏省东台市人民法院　咸磊

7

新落户的农村集体经济组织成员是否有权分配承包地征收补偿费

——安某海诉某村委会承包地征收补偿费用分配案

【案件基本信息】

1. 裁判书字号

新疆维吾尔自治区昌吉回族自治州中级人民法院（2021）新23民终1568号民事判决书

2. 案由：承包地征收补偿费用分配纠纷

3. 当事人

原告（被上诉人）：安某海

被告（上诉人）：某村委会

【基本案情】

2000年9月，安某海、某村委会经协商签订了落户协议书，协议约定安某海落户后，某村委会协同土地管理部门划分住宅地0.7亩、划拨土地3亩，安某海享有与其他村民同等权利义务等。安某海于2000年9月27日到某村落户，成为该村村民。某村委会为安某海划分责任田，安某海在该土地上经营种植至2012年。2012年3月5日，安某海与白某虎经法院调解达成协议并经民事调解书予以确认。2012年该村土地被征收，按照该村确定的征地补偿安置方案，被征土地不论亩数多少，均按照一户3亩、每亩72000元的标准支付土地补偿款。安某海未获得土地补偿款。

安某海在原籍无责任田和承包地。

【案件焦点】

如何认定新落户的农村集体经济组织成员是否有权分配土地补偿款。

【法院裁判要旨】

新疆维吾尔自治区阜康市人民法院经审理认为：土地补偿费是对征收土地价值的补偿，应归土地的所有者所有，归被征土地的村组农民集体成员集体所有。征地补偿安置方案确定时，具有本集体组织成员资格的人，有权获得分配，且所有村民均应享有同等待遇。安某海具有村集体组织成员身份，在征地补偿方案确定时应当享有获得相应份额的权利。某村委会在安某海落户后为安某海划分责任田3亩，是某村委会将集体土地的承包经营权落实到作为集体组织农户的安某海处的事实体现，安某海有权主张自己的权利。某村委会应向安某海支付土地补偿费216000元（72000元×3亩），对于安某海的诉讼请求法院予以支持。

新疆维吾尔自治区阜康市人民法院依照《中华人民共和国村民委员会组织法》第二十七条第二款，《最高人民法院关于审理涉及农村土地承包纠纷案件适用法律问题的解释》第二十二条，《最高人民法院关于适用〈中华人民共和国民法典〉时间效力的若干规定》第一条第二款规定，判决如下：

被告某村委会于本判决生效后十五日内一次性向原告安某海支付土地补偿费 216000 元。

某村委会不服一审判决，提出上诉。新疆维吾尔自治区昌吉回族自治州中级人民法院经审理认为：征收补偿方案确定时具有本集体经济组织成员资格的人，即有权获得相应份额。根据双方于 2000 年签订的《落户协议》约定，安某海落户至某村委会处，应承担建设投资款，某村委会协同土地管理部门向安某海划分住宅地 0.7 亩、划拨土地 3 亩，安某海享有与该村其他村民同等权利义务。安某海于 2000 年 9 月 27 日落户该村，并交纳 5000 元建设费，某村委会向安某海分配 0.7 亩宅基地，且安某海在原籍无责任田和承包地。据此，安某海获得该村集体组织成员身份，在征地补偿方案确定时享有获得相应份额的权利。

新疆维吾尔自治区昌吉回族自治州中级人民法院依照《中华人民共和国民事诉讼法》第一百七十条第一款第一项规定，判决如下：

驳回上诉，维持原判。

【法官后语】

我国农民集体土地所有权实质上是一定范围的全体农民集体直接享有的所有权，是集体利益、意志有机统一的所有权。农民集体土地所有权归农村集体经济组织所有。土地补偿费是对征收土地价值的补偿，既然是对被征收土地的“价值”补偿，自然归土地的所有者所有，归被征收土地的农民集体成员集体所有。根据《最高人民法院关于审理涉及农村土地承包纠纷案件适用法律问题的解释》第二十二条规定，“农村集体经济组织或者村民委员会、村民小组、可以依照法律规定的民主议定程序，决定在本集体经济组织内部分配已经收到的土地补偿费。征地补偿安置方案确定时已经具有本集体经济组织成员资格的人，请求支付相应份额的，应予支持。但已报全国人大常委会、国务院备案的地方性法规、自治条例和单行条例、地方政府规章对土地补偿费在农村集体经济组织内部的分配办法另有规定的除外”。由此可见，征地补偿安置方案确定时，具有本集体组织成员资格的人，有权获得分配。

《中华人民共和国民法典》《中华人民共和国土地管理法》中提到了“农村

集体经济组织”这一概念。实践中，土地补偿费用分配纠纷主要表现为以下四类：(1) 农户家庭成员之间要求分配土地补偿费用产生的纠纷；(2) 因土地价值、土地面积的差异引发的纠纷；(3)“外嫁女”及其子女要求分配土地补偿费用引发的纠纷；(4) 空挂户、回乡养退人员、外出务工人员、服刑人员等要求分配土地补偿费用引发的纠纷。此类纠纷总体法律适用规则基本明确，但“农村集体经济组织成员”如何界定呢？这也是处理此类案件的关键所在。

根据《第八次全国法院民事商事审判工作会议（民事部分）纪要》第二十三条规定：“审理土地补偿费分配纠纷时，要在现行法律规定框架内，综合考虑当事人生产生活状况、户口登记状况以及农村土地对农民的基本生活保障功能等因素认定相关权利主体。要以当事人是否获得其他替代性基本生活保障为重要考量因素，慎重认定其权利主体资格的丧失，注重依法保护妇女、儿童以及农民工等群体的合法权益。”由此可见，确定农村集体经济组织成员资格应当坚持以下三个标准：(1) 必须为农村居民提供最基本的生活保障。(2) 哪块土地为农村居民提供最基本的生存保障，他就是拥有该块土地的农村集体经济组织成员。(3) 农村居民只能在一个农民集体内享有成员权利，不能同时享有两个或以上集体成员权利。也就是说成员“落户”并不是必然就成为农村集体经济组织成员，还要看是否需要该农村集体土地为其提供最基本的生存保障，这是关系到其成员资格能否认定的应然标准。

本案中，原告落户被告处后，双方约定原告承担建设投资款，被告向原告提供了住宅地、责任田，原告享有与该村其他村民同等权利义务。原告已经取得被告集体的户口，满足构成农村集体经济组织成员的形式要件。原告种植该土地至征收前，可以认定该集体土地为其提供了最基本的生活保障，满足构成农村集体经济组织成员的实质要件。即使原告并未取得案涉土地的土地承包经营权证，但其仍然具备被告村集体组织成员的身份。双方因该土地被征收后就承包地征收补偿费分配发生争议后，原告有权主张自己的权利，法院应当依法予以支持。

编写人：新疆维吾尔自治区阜康市人民法院　运思静

8

继承人能否依据被继承人林地使用的历史事实主张继承权

——周某海诉周某鹏土地承包经营权继承案

【案件基本信息】

1. 裁判书字号

北京市延庆区人民法院（2021）京0119民初4550号民事判决书

2. 案由：土地承包经营权继承纠纷

3. 当事人

原告：周某海

被告：周某鹏

【基本案情】

周某海与周某鹏系兄弟关系。周某全、陈某珍是其父母，均已去世。2013年12月4日，某村委会出具证明，证明载明：周某鹏的树园子位于北坡自下向上数第一层，今有村委会于2013年在此为解决老百姓饮水而在周某鹏的树园子占地用于修储水罐。经协商，村委会补偿周某鹏占地款1.5万元。经手人：某村书记、村主任李某有等五人。经与李某有核实，李某有称："当时是修储水罐，因为涉及补偿，但具体是谁的地，不太清楚。这份证明只是一个补偿协议。"周某海认可得到过补偿，但经询涉事人员，均记不清补偿发予谁。

就案涉土地承包事宜，李某有表示：案涉土地以前是苹果树园子，当年因为自己年纪小，具体承包给谁不太了解，但那个年代家家都买了点；承包期限没有说，承包多久也没有相应政策，所以不确定，村里没有开会说过这个事，因为村里没有权利处理这些地；没有见过案涉土地的地亩账，目前村里也没有这个档案。经向原村书记核实，其称案涉土地是周某全买的，具体时间记不清楚了，买卖时没有合同。经向原村委李某财核实土地是否办证问题，李某财称发了林权证，在发证之前村里也有登记，发证时间记不清了，不知道有没有档案。经查，当地档案史志馆处仅存有周某鹏1998年的土地承包合同（承包项目为粮田），无其他承包合同及林权证。

2021年6月1日，周某海诉至法院，要求：判令某村北坡最下崖的3亩林地土地承包经营权归周某海继承。

【案件焦点】

1. 林地的继承方式为何；2. 继承人能否依据被继承人林地使用的历史事实主张继承权。

【法院裁判要旨】

北京市延庆区人民法院经审理认为：本案争议的焦点为周某海对案涉土地承包经营权是否享有继承的权利。根据法律规定，在被继承人死亡后，其法定继承人可以继承的范围仅限于自然人死亡时遗留的个人合法财产。我国农村集体经济组织实行家庭承包经营为基础、统分结合的双层经营体制。其中，家庭承包方式取得的承包经营权是以农户家庭为生产单位，不是以农民个人为单位进行承包，且农户承包经营的土地不属于法律允许自然人所有的生产资料。故家庭承包经营权不属于自然人死亡时遗留的个人合法财产，不能依照继承法进行继承。林地家庭承包中，农户成员全部死亡的，最后一个死亡的家庭成员的继承人，在承包期内可以继续承包，直到承包期满。

本案中，周某海主张案涉土地为其父亲周某全承包的林地，认为周某全死亡后，周某海作为周某全的继承人有权继承案涉土地的承包经营权。土地承包经营权自土地承包经营权合同生效时设立。且根据法律规定，承包土地应当签订承包合同，并登记造册。关于案涉土地的承包经营权，经向某村委会及村民调查，结合双方提供的证据，仅能确认案涉土地曾由周某全使用，但具体亩数和期限不明，且未签订土地承包经营权合同，亦未核查到林权证的存在，综合本案证据情况无法认定周某全死亡前系案涉土地的承包经营权人。因此，周某海要求确认某村北坡最下崖的 3 亩林地土地承包经营权归其继承的主张不能成立。

北京市延庆区人民法院依照《中华人民共和国民法典》第三百三十条、第三百三十三条、第一千一百二十二条，《中华人民共和国农村土地承包法》第三条、第四条、第五条、第二十二条、第二十三条、第二十四条、第三十二条、第四十八条、第四十九条、第五十四条，《中华人民共和国民事诉讼法》第六十四条规定，判决如下：

驳回周某海的诉讼请求。

判决后，双方当事人均未上诉，本判决现已生效。

【法官后语】

本案为土地承包经营权继承纠纷，既要审查是否满足继承的法定条件，亦要考虑农村土地承包经营的特殊性。综合案情来看，主要涉及两个争议焦点：一是案涉林地应适用何种继承方式；二是周某海能否依据其父林地使用的历史事实主张继承权。

首先，案涉林地发生继承的条件是否成就。我国农村集体经济组织实行家庭承包经营为基础、统分结合的双层经营体制。农民集体所有和国家所有由农民集体使用的耕地、林地、草地以及其他用于农业的土地，依法实行土地承包经营制度。综观《中华人民共和国农村土地承包法》，关于林地的承包方式主要有两种：一是采取农村集体经济组织内部的家庭承包方式，即经由村集体发包给村民使用，其承包方一般为本集体经济组织的农户；二是采取招标、拍卖、公开协商等方式承包，即经由村集体决议，发包给本集体经济组织成员或村集体以外的单位和个人。

根据《中华人民共和国农村土地承包法》第三十二条规定，“承包人应得的承包收益，依照继承法的规定继承。林地承包的承包人死亡，其继承人可以在承包期内继续承包”。综合该条款所处的位置及立法原意可见，林地承包的承包人死亡，尚存在承包期限的，均可以发生继承。但鉴于林地承包存在两种不同承包方式，其所对应的承包主体有差异，故发生继承的成就条件会有所不同。其一，针对以家庭承包方式取得的林地，其权利属于承包农户所有。注意这里的“农户”系单位概念，是指家庭集体，而非家庭个别成员。此时，林地承包经营权应属于农户家庭所有，而非个人所有，农户内有成员死亡的，林地承包经营权不是其个人合法财产，不能发生继承，也不影响其他成员继续享有承包权益。即只要农户内成员一直存续，则林地承包经营权属于户内剩余成员。仅当户内最后一名成员死亡时，若仍在林地承包期内，才会发生继承。其二，针对以其他承包方式取得的林地，其权属记载主体通常明确具体。若承包方为个人且死亡的，其继承人可以主张继承，要求在承包期内继续承包。

具体到本案，周某全去世后，是否发生继承需要先行判断其承包案涉林地的方式及期限。经查，案涉林地属于村集体所有，周某全虽有偿使用过案涉林地，但其既未与村集体签订承包合同，亦未办理林权证。根据在案证据及事实，既难以判断周某全承包林地的方式，亦难以确定承包的期限。因此，本案难以径行认定案涉林地发生继承的条件已成就。

其次，周某海能否依据其父林地使用的历史事实主张继承权。就本案是否满足继承条件来看，周某海作为周某全的子女，不存在失格情形，有权继承其父遗留的合法财产。根据《中华人民共和国民法典》第一千一百二十二条规定，“遗产是自然人死亡时遗留的个人合法财产。依照法律规定或者根据其性质不得继承的遗产，不得继承”。在周某海坚持其诉讼请求的情况下，本案可从继承的构成要件出发分析周某海是否可主张继承，即厘清涉案林地是否属于周某全遗留的个人合法财产。

实践中，农村土地发包时并非均签订土地承包合同，特别是早期的发包。但随着二轮发包、土地确权等政策的逐步推进，农村土地承包程序逐渐规范，除部分后期调整、互换等情况，鲜见有未签订承包合同的情形。为此，《中华人民共和国农村土地承包法》明确规定，发包方应当与承包方签订书面承包合同。承包合同自成立之日起生效。承包方自承包合同生效时取得土地承包经营权。《中华人民共和国民法典》第三百三十三条亦规定，“土地承包经营权自土地承包经营权合同生效时设立。登记机构应当向土地承包经营权人发放土地承包经营权证、林权证等证书，并登记造册，确认土地承包经营权”。司法实践中，对土地承包经营权衍生权利的纷争，均须先审查土地承包经营权是否设立，具体包括核查承包合同、承包经营权证、林权证等。必要时，还会调取二轮发包时的地亩账等。

本案中，前述书面记载方式均不存在，经询问村内老一辈村委，也仅能确认案涉林地曾由周某全使用，且承包合同应当具备的要素，包括亩数、四至、期限、用途等均不明确。经向有关登记部门调查，亦未核查到案涉土地登记在周某全或双方当事人名下，故不能径行认定周某全死亡前系案涉林地的承包经营权人，更不能由此认定周某海对案涉林地享有继承权。

编写人：北京市延庆区人民法院　石菲　刘芳

二、土地经营权纠纷

9

土地承包经营权权证存在登记瑕疵时，土地经营权的效力认定

——陈某林诉某村委会、某村民小组土地经营权案

【案件基本信息】

1. 裁判书字号

江苏省常州市中级人民法院（2021）苏04民终412号民事判决书

2. 案由：土地经营权纠纷

3. 当事人

原告（上诉人）：陈某林

被告（被上诉人）：某村委会、某村民小组

第三人：陈某珍

【基本案情】

1998年二轮承包期间，李某英（陈某珍之母）及其丈夫陈某金（陈某珍之父）户承包经营案涉三块土地，登记面积共计1.89亩。1999年陈某金去世，因当时李某英年过七旬，便将承包地交由女婿丁某明耕种。2002年，丁某明与陈某林的继父杨某明协商，将案涉1.89亩土地流转给杨某明户（后户主改为陈

某林）耕种。2015 年，某村民小组开展农村土地承包经营权确权登记颁证工作，村民小组会议讨论了“以二轮土地承包的完善工作的流转地签约”等事宜。2016 年 9 月 10 日，某村委会和某村民小组为甲方，陈某林为乙方，以陈某林实际耕种土地 4.09 亩签订了承包经营合同，其中包括李某英户的三块土地，该三块土地的编号分别为 00019、00027、00179，登记面积分别为 0.7 亩、0.4 亩、0.7 亩，均登记于陈某林的农村土地承包经营权证上。某村委会、某村民小组未与李某英签订农村土地承包经营合同，李某英户名下无承包土地。

2018 年，水泥公司因生产需要，租用某村民小组集体土地，为此，陈某林与某村委会签订协议，同意将承包土地流转给某村委会，并授权某村委会租赁给水泥公司，流转期限自 2018 年 7 月 1 日起至 2068 年 6 月 30 日止，租金每年每亩 1000 元，由某村委会统一支付，于每年 7 月 1 日前付清。案涉三块土地 2020 年 7 月 1 日至 2021 年 6 月 30 日的租金 1890 元及此前的租金均已由某村委会通过某村民小组支付给陈某林。

2020 年 6 月 24 日，李某英就其与某村委会、某村民小组、陈某林农村土地承包经营合同纠纷一案申请仲裁。8 月 24 日，仲裁委员会作出裁决：李某英享有案涉 1.89 亩土地的承包经营权，陈某林与某村委会、某村民小组签订的土地承包经营合同中涉及李某英 1.89 亩承包土地的部分无效；在上述 1.89 亩承包土地继续由某村委会统一流转期间，自 2021 年 7 月 1 日起，流转收益由李某英享有。陈某林不服该裁决，提起本案诉讼。

【案件焦点】

在案涉土地承包经营权证登记有误的情况下，通过何种程序认定以及如何认定该土地上设定的土地经营权效力。

【法院裁判要旨】

江苏省溧阳市人民法院经审理认为：1998 年农村土地二轮承包时，第三人李某英户取得案涉三块土地的承包经营权，后上述土地流转给陈某林户耕种，该流转的性质属于转包，而非转让。2015 年确权颁证过程中，某村委会、某村民小组在与陈某林户签订土地承包经营合同时，将该土地也纳入其中，导致李某英户名下无承包土地，既违反了《中华人民共和国农村土地承包法》的规定，也与确权政策不符，因此，合同内容涉及该三块土地部分应属无效。陈某林不服仲裁裁决，提起诉讼，但仅将某村委会、某村民小组列为被告，且诉讼请求仅主张享有案涉土地的租赁收益，并未涉及原纠纷中就案涉土地部分的承包合同效力问题，但某村委会、某村民小组已将2020年7月1日至2021年6月30日及此前的租金全部支付给了陈某林，因此，无论从前述合同效力的角度还是从租金已支付的角度考虑，对原告的这一诉讼请求均不予支持。

江苏省溧阳市人民法院依照《中华人民共和国农村土地承包法》第五条、第九条、第二十七条、第二十八条及《中华人民共和国民事诉讼法》第一百四十四条规定，判决如下：

驳回原告陈某林的诉讼请求，在案涉1.89亩土地继续由某村委会统一流转期间，自2021年7月1日起，该土地流转收益由李某英享有，同时陈某林不再享有该土地流转收益。

陈某林不服一审判决，提出上诉。江苏省常州市中级人民法院经审理认为：根据《中华人民共和国农村土地承包法》的规定，承包方转让土地承包经营权，应当签订书面协议，并经发包方同意。李某英于1998年二轮承包中取得案涉1.89亩土地，其与陈某林之间的土地流转系自行协商，未签订书面协议，亦未经发包人同意，不符合土地承包经营权转让的法定要求，一审认定为转包并无不当，予以确认。2015年确权颁证过程中，某村委会、某村民小组与陈某林签订了土地承包经营合同，将案涉1.89亩土地纳入其中。现陈某林主张案涉1.89亩土地的租赁权益，首先应对上述土地承包经营合同的效力作出认定，陈某林认为对合同效力的认定程序违法，该主张无事实和法律依据，不予采信。某村委会和某村民小组在未核实查明李某英所承包的土地是否转让的情况下，与陈某林签订土地承包经营合同，导致李某英名下无承包土地，该行为违反了《中华人民共和国农村土地承包法》的相关规定，一审法院认定该合同涉及案涉1.89亩土地的部分无效正确，予以维持。

家庭承包以户为单位进行承包，根据其承包主体特点及《中华人民共和国农村土地承包法》第三十二条的规定，家庭承包的收益可以继承，当事人以行使继承权为由要求继承耕地、林地、草地承包收益的，应予支持。但耕地和草原家庭承包户所有成员死亡的，因权利主体消亡承包经营权亦消灭，不发生承包经营权的继承，与该家庭承包户成员具有亲属关系但已另行分得家庭承包地的集体经济组织成员以行使继承权为由要求取得该承包地的，应不予支持。本案中，从某村民小组 2002 年、2003 年《合同内负担落实归户表》可以看出，案涉 1.89 亩土地登记在李某英名下，其承包户人口为 1 人，李某英的女儿陈某珍、女婿丁某明已分得家庭承包地。现李某英于 2021 年 3 月 6 日去世，其承包户无其他成员，案涉 1.89 亩土地应由发包方收回另行处理，陈某珍无权主张该 1.89 亩土地的承包经营权，陈某珍、陈某林均无权主张案涉 1.89 亩土地自 2021 年 7 月 1 日起的土地流转收益，故陈某林的诉讼请求应予以驳回。

综上，陈某林的上诉请求不能成立，应予驳回；一审判决查明事实清楚，适用法律正确，因二审出现新情况，导致一审判决不当，本院予以纠正。

江苏省常州市中级人民法院依照《中华人民共和国民事诉讼法》第一百七十条第一款第二项规定，判决如下：

一、撤销江苏省溧阳市人民法院民事判决；

二、驳回陈某林的诉讼请求。

【法官后语】

在土地承包经营权设立明显有误，且依据错误发包已经进行物权登记的情况下，当事人若主张案涉土地经营权的效益，应当依照何种程序进行？笔者认为，土地经营权是依土地经营权合同设立的，独立于土地承包经营权兼债、物性质的权利，在审查土地经营权效力时应依照合同规则审查土地经营权合同，而其中涉及的土地承包经营权效力应作为合同效力的认定环节，并且法院可以适用合同规则直接审理，不需要当事人提起撤销权证之诉，原因如下：

第一，土地经营权是独立于土地承包经营权的权利，不是土地承包经营权的权能。尽管《中华人民共和国民法典》物权编并未将土地经营权设立为一项新的权利，但其独立性在政策规定、立法体例中已不言而喻。2016年中共中央办公厅、国务院办公厅印发的《关于完善农村土地所有权承包权经营权分置办法的意见》就指出，“将土地承包经营权分为承包权和经营权，实行所有权、承包权、经营权（以下简称‘三权’）分置并行，着力推进农业现代化”；2018年修正的《中华人民共和国农村土地承包法》也用第二章第五节专节规定了土地经营权，涵盖土地经营权内容、设立方式、登记以及土地经营权流转的一系列事项。所以，在审查土地经营权纠纷案件过程中，应当独立审查土地经营权成立的相关因素。

第二，土地经营权产生的依据是土地经营权合同，不是土地承包经营权。土地经营权是受让方根据流转合同的约定对承包方承包的农村土地依法占有，利用其开展农业生产经营并取得收益的权利。从土地经营权的定义可以看出，土地经营权的依据是流转合同，所以对于土地经营权的效力认定只需要对合同效力进行审查。本案中，陈某林与某村委会签订的土地承包经营合同涉及第三人的部分因违反法律规定无效，那么，陈某林流转该土地给某村委会出租的土地经营合同也当属无效。

第三，土地承包经营权的登记仅发生对抗效力，不影响土地承包经营权的效力。在该案审理过程中，有观点认为，既然陈某林已经持有经登记确认的土地承包经营权，在该权证存在效力瑕疵的情况下，应当首先进行行政诉讼撤销该权证，本案程序应当中止，待权证撤销后再予判定。但本案未采取这种裁判思路。因为，土地承包经营权的生效依赖于承包经营权合同，即便是在单纯的撤销权证的行政诉讼案件中，当事人也是就发证时签订的土地承包经营权合同提起民事诉讼，同时，土地承包经营权的登记仅发生对抗效力，并非生效要件，所以，审查时，并不需要将撤销权证作为前置程序。

编写人：江苏省溧阳市人民法院　葛为国　李琛洁

三、土地租赁合同纠纷

10

约定“租赁期限至政府征用时止”的合同性质界定

——某村委会诉洪某进土地租赁合同案

【案件基本信息】

1. 裁判书字号

山东省威海市环翠区人民法院（2021）鲁 1002 民初 2638 号民事判决书

2. 案由：土地租赁合同纠纷

3. 当事人

原告：某村委会

被告：洪某进

【基本案情】

2015 年 3 月 7 日，某村委会（甲方）与洪某进（乙方）签订一份《土地耕种协议》，约定内容如下：某村委会将案涉 0.567 亩及道边上一块 0.33 亩，合计 0.897 亩的土地，租赁给洪某进耕种，该土地的地上附着物有小果树约 60 棵；土地耕种费每年每亩 1200 元，合计 1076 元，洪某进于每年 3 月交给某村委会；耕种时间自 2015 年 3 月 7 日起至政府征用时止。同时约定，若根据国家政策和政府土地总体规划需征用此土地，洪某进应无条件将此宗地退还给某村委会，地上物补偿某村委会应得15000元，余下归洪某进（属于其）投入所得；洪某进耕种此宗地不得改变土地的农业种植用途；对此宗土地洪某进享有耕种权，不享有土地承包经营权。后洪某进开始在租赁土地上进行耕种，其将小果树大部分砍掉后，栽种了葡萄树。但其自2019年3月7日起至今未向某村委会就涉案土地缴纳租金。某村委会遂以涉案土地耕种协议为不定期租赁合同，其可随时解除及洪某进拖欠租金至今为由，要求解除《土地耕种协议》。

【案件焦点】

1. 双方之间签订的《土地耕种协议》是否应当解除；2. 洪某进是否应向某村委会支付其欠付的租金。

【法院裁判要旨】

山东省威海市环翠区人民法院经审理认为：关于涉案《土地耕种协议》为不定期租赁，某村委会是否可以随时解除的问题。原、被告签订的《土地耕种协议》约定，耕种期限从2015年3月7日至政府征用时止。该条虽为合同租赁期限的约定，但实为附合同解除条件的民事法律行为。虽然政府征用至今尚未发生，但不能就此认定合同对租赁期限的约定不明确；租赁期限应侧重于对“限”是否明确作出判断，只要“限”的条件约定明确，就不属于租赁期限约定不明。根据《中华人民共和国民法典》第七百零五条“租赁期限不得超过二十年。超过二十年的，超过部分无效。租赁期限届满，当事人可以续订租赁合同；但是，约定的租赁期限自续订之日起不得超过二十年”之规定，只要原、被告所附解除合同条件（政府征用行为）发生在租赁期限内，该协议就有效。因目前涉案土地未被政府征用，双方约定的解除协议条件并未成就，故某村委会不享有约定解除权，且其以双方为不定期租赁关系为由行使法定解除权，亦缺乏事实和法律依据，不予支持。

关于原告主张被告拖欠土地租金构成违约，要求解除协议的问题。洪某进自2019年3月7日起至今两年未支付租金，其主张未支付该两年租金的原因在于，2019年春某村时任村主任刘某旦曾承诺，其可免交两年租金，且2019年

12 月 19 日，某村委会也曾与其协商交还土地和补偿事宜。对此，姜某京、刘某昌及刘某增均证实某村委会与洪某进确实协商过交还土地事宜，但最终协商未果。此外，某村委会并未提交充分的证据证实，其曾在合理期限内催告洪某进支付欠缴的租金。故就洪某进迟延履行的实际情况来看，其并非恶意拖欠租金，其违约性质也不属根本性违约，结合洪某进进行葡萄种植需要较大投入等情况综合考虑，涉案《土地耕种协议》并不当然必须解除。综上，某村委会要求解除该协议的主张于法无据，不予支持。

山东省威海市环翠区人民法院依照《中华人民共和国民法典》第五百零九条、第五百七十七条、第七百零三条、第七百零五条，《最高人民法院关于适用〈中华人民共和国民法典〉时间效力的若干规定》第一条第二款之规定，判决如下：

一、被告洪某进于本判决生效后十日内向某村委会支付土地租金 2152 元及利息（以 1076 元为基数，自 2020 年 4 月 1 日起计算至实际履行之日止，按照全国银行间同业拆借中心公布的贷款市场报价利率计算）；

二、驳回原告某村委会的其他诉讼要求。

判决后，双方当事人均未上诉，本判决现已生效。

【法官后语】

本案中，合同解除条件的认定是审理的重点。案件焦点主要是合同对耕种期限约定“至政府征用时止”应如何理解，即涉案合同租赁期限如何确定。一种观点认为，涉案合同没有对租赁期限进行明确约定，属于不定期租赁合同，故某村委会可以随时解除合同。另一种观点认为，涉案合同对租赁期限约定至政府征用时止，虽然没有约定一个不变的租赁期限，但其所附解除条件成就的时间点是清楚明确的，因此，本案合同不属于租赁期限约定不明确的合同。

笔者同意第二种观点。首先，根据《中华人民共和国民法典》第七百三十条规定，当事人对租赁期限没有约定或者约定不明确，依据本法第五百一十条的规定仍不能确定的，视为不定期租赁。不定期租赁所指的“不定期”是合同没有期限或者期限到来与否不确定。租赁期限应侧重于对“限”是否明确作出判断。只要“限”的条件约定明确，就不属于租赁期限约定不明。本案中合同约定“至政府征收时止”，对“限”的条件显然明确具体，不属于上述法律规定的约定不明确的情形。其次，《中华人民共和国民法典》第一百五十八条规定，民事法律行为可以附条件，但是根据其性质不得附条件的除外。附生效条件的民事法律行为，自条件成就时生效。附解除条件的民事法律行为，自条件成就时失效。“至政府征收时止”名为租赁期限的约定，实为附解除条件的民事法律行为。民事法律行为所附的生效或解除条件，具有以下四个特点：(1) 条件由当事人自行约定，并作为民事法律行为内容的一部分。(2) 条件是订立合同时一种将来的或然事实，该事实未来可能发生，也可能不发生，具有或然性。若是将来必然发生的事实，则应当为附期限的民事法律行为。(3) 该条件是当事人用以限定民事法律行为生效或失效的附属意思表示。(4) 所附条件应为合法事实，违法事实不能成为民事法律行为的条件。本案中，“租赁期限至政府征用时止”属于将来可能发生也可能不发生的事实，且是合法事实，亦不是当事人一方的违约行为，至政府征用时止的约定满足上述条件。因此，本案双方当事人约定的租赁期限为附条件的约定。若合同约定的条件成就时，某村委会可以要求解除合同；现在政府对涉案土地尚未征收，何时征收亦不确定的情况下，因合同所附条件并未成就，某村委会并不当然享有约定解除权。

对于农村土地合同条款约定的性质判断，不应仅限于字面解释，更应结合目的解释，对相关法律行为的发生背景、当事人的内心真意进行深入挖掘分析，从而对相关行为性质进行区分界定，详细释法析理。如此，既能确保判决结果让当事人胜败皆服，又能确保现有农村土地流转关系的稳定性。

编写人：山东省威海市环翠区人民法院　邹艳茹

11

以建坟为目的的土地租赁合同纠纷中，公序良俗原则的适用

——陶某诉陶某志土地租赁合同案

【案件基本信息】

1. 裁判书字号

山东省日照市中级人民法院（2021）鲁11民终2884号民事判决书

2. 案由：土地租赁合同纠纷

3. 当事人

原告（上诉人）：陶某

被告（被上诉人）：陶某志

【基本案情】

1988年1月，陶某志与某村委会签订《果园承包合同》。《果园承包合同》约定，陶某志承包果园一处；涉案果园承包期10年，从1986年1月起至1995年10月。合同第十五条补充条款主要内容为：涉案果园属于新建果园，存在空地可以使用，经村委支部研究，谁承包该果园就可以拥有六口人的地，至此园没法种地时，村委支部可根据实际情况再补发这六口人的地；该园的生产经营费用自理。

陶某志提交承包费收据显示：预收承包费3000元，交纳时间为2018年9月13日。

当地人认为陶某志承包经营的果园位置很好。陶某的父亲陶某友生前原属于某村村民，后因属于国家干部身份户口迁出该村。2012年9月，陶某友去世。按照落叶归根的风俗，陶某打算将父亲的墓地建在某村。陶某通过某村白

理事会有关人员联系到陶某志。经协商，陶某使用陶某志承包的果园中的 4m×4m 土地为陶某友建设了墓地，陶某支付陶某志使用费 6000 元。所建墓地使用至 2020 年。

2020 年清明节前，涉案街道进行殡葬改革，推进生态文明建设，作为日照市重点工程，对涉案区域墓地进行整体分期分批搬迁整治。在推进该殡葬改革中，政府建设了某公墓，主要用于涉案区域及城市周边墓葬集中整治搬迁和居民殡葬服务。迁移一个墓穴最高发放 2800 元补贴。陶某、陶某志均表示没有收到政府的补贴。根据上述殡葬改革规定，涉案墓地使用至 2020 年清明节前搬迁为止，现已经迁移至他处。

【案件焦点】

涉案土地用于殡葬是否违背公序良俗。

【法院裁判要旨】

山东省日照市东港区人民法院经审理认为：根据陶某志与某村委会签订的《果园承包合同》第十五条补充条款的约定，应确认该承包合同具有双重性质，既包含承包合同约定的果园，也包含承包陶某志户的口粮田，两种土地的使用权皆归陶某志。陶某志对于《果园承包合同》约定的土地享有使用、收益权。

法无明文禁止即可为，意味着民事主体在不违背强制性法律规则和法律不禁止的条件下，可自愿选择满足或有利于自身利益的行为，应符合善良风俗习惯，并不损害国家和社会一般公共秩序要求。本案原、被告所在地在殡葬上存在看位置、定墓地的风俗，此风俗在殡葬改革前广泛存在，并为大众所接受。因此，陶某仅仅使用陶某志的承包地建造父亲墓地 4m×4m，价值虽然高达 6000 元，比一般性的土地承包费要高出很多，但这一所谓用高价“购买墓地”的习惯，实质上是租赁土地建造坟墓的一种形式，历来为民间所接受。在使用该宗土地过程中，陶某自愿选择了满足其心理需求的“宝地”，陶某志则选择了有利于自身利益最大化的 6000 元收益，应符合使用墓地时的善良风俗习惯。

《中华人民共和国民法典》第五百零九条第一款、第二款规定：“当事人应当按照约定全面履行自己的义务。当事人应当遵循诚信原则，根据合同的性质、目的和交易习惯履行通知、协助、保密等义务。”原、被告经协商，达成以6000元现金使用涉案承包地建造墓地的协议，也是双方真实意思表示，在日照市殡葬改革前，不违背法律的强制性规定，亦符合公序良俗，本院予以确认。协议达成后，陶某将6000元现金交付给陶某志履行了合同义务；陶某志亦将土地交付陶某建造墓地使用了8年，交付完毕，履行了交付义务。现因政府主导的殡葬改革，致使陶某迁移坟墓，从合同的履行看，不是陶某志擅自单方终止合同履行，陶某志没有违约，不承担违约责任。况且，政府推进殡葬改革具有进步意义，既是法治进步的表现，也是青山绿水观念的具体体现，是法律效果和社会效果的有机统一。同时，在殡葬改革过程中，每个迁移的坟墓政府都有补贴。原、被告皆认可每个搬迁墓穴补贴1800元，而根据政府的政策，这种补贴不是村委会针对本村村民的补贴，而是政府针对所有市民的补贴，因此，陶某亦有取得补贴的权利，只是目前没有到账而已。

综上所述，陶某志已将涉案土地交付给陶某建造墓穴使用了8年之久，履行了义务；在2020年的殡葬改革过程中，政府又给予每个墓穴补贴，结合全国各大城市公墓墓穴的使用周期为20年，每个墓穴的使用价格在数万元不等的情况，陶某支付给陶某志6000元现金并使用8年，现又因搬迁墓穴得到政府补贴，其利益并未受到损害，而在使用过程中，却得到“位置好”的心理满足与实现了父亲落叶归根愿望的慰藉。故原、被告在殡葬改革前使用墓地的协议，符合公序良俗，应予以认可。而况，在陶某志主张陶某超过诉讼时效后，陶某亦未提交证据证实在使用墓穴后曾经主张过权利，因此陶某志关于陶某已超过诉讼时效的主张亦成立。故陶某的主张没有依据，本院不予支持。

山东省日照市东港区人民法院依照《中华人民共和国民法典》第八条、第一百八十八条、第五百零九条，《中华人民共和国民事诉讼法》第六十四条规定，判决如下：

驳回陶某要求陶某志返还墓地转让款6000元的诉讼请求。

陶某不服一审判决，提出上诉。山东省日照市中级人民法院经审理认为：

陶某主张其与陶某志之间系土地买卖合同关系，因土地买卖违反法律禁止性规定，双方之间的合同应无效，故陶某志应返还其6000元。但从查明事实看，陶某与陶某志在自愿平等的基础上协商由陶某支付6000元，在陶某志承包的部分土地上建造墓地，双方达成一致后，陶某支付陶某志6000元并在该土地上建造了墓地。虽然陶某以支付对价的方式在涉案土地上建造墓地，但从涉案土地的性质、陶某使用该土地的初衷以及当地风俗习惯看，陶某仅是使用陶某志承包土地的一部分用于建造坟墓，并非从陶某志处购买该部分土地，陶某支付陶某志的6000元并非购买涉案部分土地的款项，而是租赁使用该部分土地的使用费。陶某与陶某志之间达成的协议系双方真实意思表示，内容并不违反法律法规的强制性规定，合法有效，双方均应按协议约定履行。虽然陶某在涉案土地建造的墓地现已搬迁，但该事实系国家政策使然，并非陶某志原因所致，该事实亦不影响陶某与陶某志之间协议的性质和效力，陶某主张双方之间系土地买卖合同关系无事实和法律依据。陶某志已将涉案部分土地交付陶某使用8年之久，陶某并未提交证据证实在使用涉案土地后曾经主张过权利，一审法院认定陶某的诉讼请求已过诉讼时效期间亦无不当。

山东省日照市中级人民法院依照《中华人民共和国民事诉讼法》第一百七十条第一款第一项规定，判决如下：

驳回上诉，维持原判。

【法官后语】

民法调整、维护社会关系，对已经在社会关系中发挥积极调节作用的习俗是充分尊重的，并与之共同维护良好社会秩序和良好社会价值秩序。违背公序良俗的习俗是对法律和社会秩序具有普遍破坏作用的，不能作为解决民事纠纷的规则依据。本案需要讨论的是殡葬改革下，在以建坟为目的的土地租赁合同纠纷中如何适用公序良俗原则评判合同的效力、调整合同双方的权利义务关系。

1. 殡葬改革与丧葬习俗的冲突形成现代法治与传统风俗的碰撞。

一方面，在我国部分地区，有着“入土为安”“落叶归根”的风俗，这种传统风俗对当地民众有着较强的影响力；另一方面，近年来，国家以节约自然资源、保护环境、移风易俗、群众受益为宗旨，一直致力于推进殡葬改革。实行殡葬改革是社会发展的必然趋势，是践行社会主义核心价值观、实现绿色发展的客观要求，但改革存在传统风俗与社会发展之间的冲突，致使殡葬活动中可能会出现一些违法违规的现象，由此便产生了纠纷。针对这类纠纷，笔者认为，应当依据公序良俗规则化解农村公墓改革、治理乱占地建坟带来的新问题，推进树立丧葬新风。

2. 利用他人承包地建坟的法律关系性质及效力认定。

虽然时代在发展，但受传统风俗的影响，在殡葬上还存在看位置定墓地的风俗，且仍有已经搬迁至城市生活的老人希望“落叶归根”。法无明文禁止即可为，意味着民事主体在不违背强制性法律规则和法律不禁止的条件下，可自愿选择满足或有利于自身利益的行为，但不得损害国家和社会一般的公共秩序要求。殡葬改革前，在农村土地上建坟不违反法律的强制性规定，亦符合公序良俗。

农村的土地所有权为集体所有，土地买卖违反法律禁止性规定，农户承包土地所获得的土地权利是不完整的，承包户对土地享有的是生产经营和收益的权利，而不是处分的权利，所以当事人主张双方“购买土地”系土地买卖合同关系，无事实和法律依据。“购买墓地”的行为实质上是以租赁土地的形式建造坟墓。自殡葬改革以来，部分人仍存在以高价购买土地用来满足其“入土宝地”的心理需求。随着各地政府开展移风易俗、绿色殡葬行动，治理传统殡葬陋习的同时，也引发了之前“购买墓地”用来“落叶归根”契约的效力纠纷。从现实情况来看，“买卖”双方在“购买”墓地时，均系在平等协商的基础上，自愿达成的交易；但作为交易标的的墓地往往系卖方所承包经营的土地中的一部分，且根据土地的性质、使用该土地的初衷以及当地风俗习惯看，其实质是一方使用该部分土地并支付款项，该款项并非购买该部分土地的对价，而是租赁使用该土地支出的使用费。尽管其支付的价格可能略高于一般的承包土地费用，但此交易满足了使用方对“宝地”的需求，且使用时间较久，亦得到达成逝者落叶归根愿望的慰藉。“买卖”双方在殡葬改革前“买地建坟”的协议符合公序良俗，对其合同效力应予认可。

3. 因实施殡葬改革政策引发迁坟的责任承担。

殡葬改革既是法治进步的表现，也是青山绿水理念的具体体现，反映了法律效果和社会效果的有机统一。各地政府在推进殡葬改革时会推行相应的政策，在处理土地资源、社会秩序等公共利益与遗体埋葬的个人利益如何达到平衡上下功夫。比如，政府大多会为迁坟民众提供一定的公墓使用权利、发放一定的补贴，该补贴一般发放给墓地的实际使用者，所以实质上使用者的利益未受到损害，而涉案土地上建造的墓地搬迁，系国家政策使然，并非对方当事人原因所致，该事实亦不影响双方之间协议的性质和效力，既不能因此否认合同的效力，也不应当由"卖方"承担违约责任。

在"法无明文禁止即可为"的原则下，公序良俗不只是人们内心的道德评判，而是将道德伦理规范引入法律适用，成为判定民事行为效力的重要依据。本案根据《中华人民共和国民法典》下"法无明文禁止即可为"以及"公序良俗原则"，对在殡葬改革前"购买墓地"纠纷中双方当事人的法律关系及法律适用问题进行分析。笔者认为，在这类纠纷中，"购买墓地"的行为是当事人双方之间在平等协商基础上自愿达成的交易，一方在另一方承包经营的土地上使用的是部分土地，其目的是建坟，并非买卖土地，即其行为实为租赁土地使用，其"购买"后的行为亦符合使用墓地的公序良俗，双方的协议有效。在政府实行殡葬改革后，墓地搬迁并非双方违约，即非当事人的原因，而系政策所致，该事实不影响双方之间协议的性质和效力，不能归责于当事人，且迁移墓地一方能得到政府补贴，获得一定的补偿。以上裁判规则充分贯彻公序良俗原则，使村约民俗与法治建设之间更好地融合，助力提升乡风文明水平。

编写人：山东省日照市东港区人民法院　魏萍

12

出租人委托他人签订的土地租赁合同擅自改变土地用途的责任承担

——甲机械公司诉乙机械公司、张某土地租赁合同案

【案件基本信息】

1. 裁判书字号

江苏省无锡市中级人民法院（2022）苏02民终3636号民事判决书

2. 案由：土地租赁合同纠纷

3. 当事人

原告（上诉人）：甲机械公司

被告（上诉人）：乙机械公司、张某

【基本案情】

张某系工程咨询公司的唯一股东，工程咨询公司于2021年1月11日注销。

2002年9月11日，乙机械公司与某镇政府签订集体土地使用权租赁一次性付款合同，约定非农集体土地使用权土地用途为工业用途，面积35亩，出租年限50年；未经同意，不得转租、抵押。后乙机械公司对租赁地块边上的河和岸进行填充，多出3亩土地面积。

2020年6月16日，工程咨询公司（甲方）与甲机械公司（乙方）签订土地租赁协议一份，载明：因乙方生产经营需要，甲方将乙机械公司（加盖乙机械公司公章）拥有的38亩空地租赁给乙方，租赁期限五年，租金969000元/年，甲方确保乙方在租赁场地上安装2台塔式起重机作为吊装使用并确保乙方能在场地上堆放设备。同日，乙机械公司出具委托书一份，载明：乙机械公司

全权委托工程咨询公司出租经营38亩土地，委托出租时限五年。同日，工程咨询公司向甲机械公司出具委托收款函，载明：工程咨询公司委托张某代收款项，张某及乙机械公司法定代表人吴某某在该函签字。其间，甲机械公司查看了乙机械公司与某镇政府之间的租赁合同。

后甲机械公司向张某付款484500元，并建设了塔吊基础、拓宽了进出的大门。

2020年6月19日，乙机械公司（甲方）与工程咨询公司（乙方）签订合作开发协议，乙方承诺将甲方农用空地的性质转换为工业用地然后共同合作开发，乙方承租空地38亩，并将该土地作为临时堆场，相关手续自行报批；合作时间五年，其间乙方有权向第三方出租经营，若乙方与第三方的纠纷与甲方无关，赔偿给第三方的费用由乙方承担，与甲方无关。

2020年11月16日，无锡市自然资源和规划局出具责令停止违法行为通知书，该通知书载明：乙机械公司占用农用地的行为，涉嫌违反《中华人民共和国土地管理法》第二条第二款的规定，现责令你方立即停止上述违法行为。甲机械公司自2020年11月23日开始陆续搬离，于2021年春节前将钥匙交给乙机械公司。诉讼中，乙机械公司及张某均主张甲机械公司参照约定租金支付搬离前的土地占有使用费。

甲机械公司陈述，其一直与吴某某夫妇商量租赁事宜，吴某某要求以工程咨询公司的名义签订协议，因该土地系乙机械公司从某镇政府租赁，故其要求乙机械公司在委托收款函上签字确认。

甲机械公司主张如下损失：（1）在租赁场所上建设仓库投入的费用：管件、扣件、运输费、人工费等合计154771元；（2）位于租赁场所、不可搬迁、已浇筑的塔吊桩基础和拓宽场地大门所投入的成本费用。

审理中，经甲机械公司申请，法院委托工程管理公司进行造价鉴定，该公司出具的鉴定意见：桩基工程109577.35元，塔吊基础及门头费用203140.10元，合计312717.45元。

【案件焦点】

1. 案涉土地租赁协议是否有效；2. 若协议无效，如何确定责任主体及责任承担。

【法院裁判要旨】

江苏省无锡市惠山区人民法院经审理认为：关于案涉土地租赁协议的效力。根据《中华人民共和国土地管理法》第四条、第四十四条规定，国家实行严格的土地用途管制制度。本案中，案涉土地为农用地，而租赁协议却约定用于塔吊起重机的安放场所及堆放设备，协议内容涉及在租赁土地上搭建厂房、围墙等，明显改变了土地的农用地性质，违反了上述效力性强制性规定，该协议应认定无效。

若协议无效，甲机械公司有无过错。乙机械公司及张某并未举证证明签订协议时曾告知甲机械公司涉案土地为农用地，甲机械公司在签订协议期间已查看乙机械公司与某镇政府之间的租赁合同，而该合同中载明的土地性质为非农集体土地使用权，土地用途为工业用地，甲机械公司据此信赖该土地的性质并签订租赁协议，不存在过错。

关于责任主体及责任承担。对责任主体的承担作出判定，关键在于对乙机械公司与工程咨询公司之间的关系予以认定。从协议上载有乙机械公司的公章，乙机械公司出具委托书，乙机械公司法定代表人吴某某在委托收款函上签字，乙机械公司对甲机械公司支付租金的情况予以跟踪等事实看，乙机械公司与工程咨询公司之间系委托关系。根据法律规定，受托人以自己的名义，在委托人的授权范围内与第三人订立合同，第三人在订立合同时知道受托人与委托人之间的代理关系的，该合同直接约束委托人和第三人，故案涉租赁协议直接约束乙机械公司和甲机械公司。但是代理人知道或者应当知道代理事项违法仍然实施代理行为，或者被代理人知道或者应当知道代理人的代理行为违法未作反对表示的，被代理人和代理人应当承担连带责任。工程咨询公司明知改变土地用途出租系违法行为，仍实施签订租赁协议的代理行为，应与被代理人乙机械公司承担连带责任。现工程咨询公司已注销，张某作为工程咨询公司的唯一股东，未能证明其个人财产独立于公司财产，应对工程咨询公司的债务承担连带责任。

关于租金返还、土地占有使用费及损失赔偿的认定。民事法律行为无效后，行为人因该行为取得的财产，应当予以返还；不能确定返还或者没有必要返还的，应当折价赔偿。有过错的一方应当赔偿对方因此受到的损失。首先，关于租金返还。租赁协议无效后，乙机械公司及张某应向甲机械公司返还租金484500元，乙机械公司自述已更换门锁，可以认定甲机械公司已返还了租赁土地。在2020年11月23日收到无锡市自然资源和规划局作出的《责令停止违法行为通知书》前，甲机械公司有理由相信案涉合同的有效性并实际占有使用了土地，虽然案涉协议无效，其应参照约定租金支付自承租期限起始日2020年9月25日起至同年11月23日止的土地占有使用费161500元。其次，甲机械公司主张的损失，对于鉴定意见书中所涉门头工程，因鉴定人员确认现场勘查的各项数据与图纸基本一致，鉴定人员据此作出的该工程的鉴定意见可以作为认定事实的依据。对于所涉塔吊基础工程，租赁协议中已载明工程咨询公司应确保租赁场地能安装2台塔式起重机，结合丙机械公司与甲机械公司之间的买卖合同、塔吊使用说明，可以认定甲机械公司所述根据塔吊说明中的图纸进行施工具有合理性，同时甲机械公司提交了预埋长支腿买卖合同及发票、混凝土发货单及出厂质量证明、施工合同、施工现场图片等证据证明各项费用，可以认定该工程使用的混凝土型标号、预埋件情况等，故法院对鉴定机构根据该图纸对该隐蔽工程作出的鉴定意见予以认定，对甲机械公司要求乙机械公司及张某赔偿损失312717.45元的请求予以支持。对于甲机械公司主张的其他损失，因其提交的证据无法证明相关费用与本案的关联性，不予支持。综上，案涉租赁协议无效后，乙机械公司及张某应向甲机械公司返还租金484500元，甲机械公司向乙机械公司及张某支付土地占有使用费161500元。

江苏省无锡市惠山区人民法院依照《中华人民共和国民法典》第一百四十三条第三款、第一百五十七条、第一百六十七条、第九百二十五条，《中华人民共和国土地管理法》第四条、第四十四条，《中华人民共和国公司法》第六十三条，《中华人民共和国民事诉讼法》第六十七条规定，判决如下：

一、甲机械公司与工程咨询公司于2020年6月16日签订的《土地租赁协议》无效；

二、乙机械公司、张某于判决生效之日起十日内向甲机械公司返还租金484500元；

三、甲机械公司于判决生效之日起十日内向乙机械公司、张某支付土地占有使用费161500元；

四、乙机械公司、张某于判决生效之日起十日内赔偿甲机械公司损失312717.45元；

五、上述第二、三、四项下的各项费用相抵后，由乙机械公司、张某于判决生效之日起十日内向甲机械公司支付款项635717.45元；

六、驳回甲机械公司的其他诉讼请求。

甲机械公司、乙机械公司、张某均不服一审判决，提起上诉。江苏省无锡市中级人民法院经审理认为：案涉《土地租赁协议》明显改变了该土地的农用地性质，违反了《中华人民共和国土地管理法》第四条的效力性强制性规定，应为无效协议。

乙机械公司与某镇政府之间的租赁合同明确载明案涉土地的性质为非农集体土地使用权，土地用途为工业用地，甲机械公司据此信赖该土地的性质并签订租赁协议，并无过错。根据乙机械公司与工程咨询公司于2020年6月19日签订的《合作开发协议》的约定可知，二公司在案涉《土地租赁协议》签订时即已知晓案涉土地为农用地，乙机械公司知晓其将案涉土地出租给甲机械公司用于非农建设还需办理批准手续，但本案中并无证据证明乙机械公司或工程咨询公司在签订案涉《土地租赁协议》时已告知甲机械公司该土地的性质为农用地。在此情况下，对乙机械公司及张某关于甲机械公司未尽到审慎的审查义务，对合同无效负有过错的主张，不予支持。乙机械公司关于其基于对《一次性付款合同》约定内容之信赖将案涉土地出租给甲机械公司用于非农建设并无过错的主张，无事实和法律依据，不予支持。

一审判决综合全案事实，认定乙机械公司与工程咨询公司之间成立委托关系，论理充分，并无不当。

乙机械公司、张某在本案中未举证证明工程现场的实际数据与甲机械公司所提供的工程图纸不相一致，在此情况下，一审鉴定机构根据甲机械公司所提供的工程图纸对该隐蔽工程作出鉴定意见，并无不妥。一审采信该鉴定意见对甲机械公司的损失作出认定，依据充分。

甲机械公司主张其因入驻及搬离租赁场所产生了运输费、人工费等损失，但甲机械公司在本案一审及二审中所提交的证据均无法证明与该案的关联性，故对此不予支持。

租赁合同为继续性合同，即便合同被认定无效，如租赁物已经由承租人占有使用了一段时间，对于该部分占有使用利益，承租人也应通过向出租人支付占有使用费的方式进行补偿。虽然案涉《土地租赁协议》被认定为无效，但根据一审查明的事实，甲机械公司在2020年11月23日收到无锡市自然资源和规划局作出的《责令停止违法行为通知书》前，已实际占有并使用了案涉土地，一审判决据此判令甲机械公司支付相应的占有使用费，依据充分，并无不当。关于占有使用费的计算，根据乙机械公司自述已更换门锁的事实，可以认定甲机械公司实际已返还了租赁土地。一审法院结合案涉《土地租赁协议》关于租金的约定和无锡市自然资源和规划局于2020年11月16日作出的《责令停止违法行为通知书》的事实以及甲机械公司自认在2020年11月23日收到上述通知后便开始对场地设备进行搬迁的相关陈述，判令甲机械公司应参照案涉《土地租赁协议》关于租金的约定支付自2020年9月25日起至同年11月23日止的占有使用费约161500元，依据充分，并无不当。

综上所述，乙机械公司、甲机械公司、张某的上诉请求均不能成立，应予驳回；一审判决认定事实清楚，适用法律正确，本院予以维持。

江苏省无锡市中级人民法院依照《中华人民共和国民事诉讼法》第一百七十条第一款第一项规定，判决如下：

驳回上诉，维持原判。

【法官后语】

1. 按照土地用途使用土地系效力性强制性规定。

国家为了保证土地资源的合理利用，经济、社会、环境的协调发展，在编制土地利用总体规划中划定土地用途区域，确定土地使用的限制条件，土地所有者和使用者必须严格按照国家确定的土地用途利用土地。《中华人民共和国土地管理法》第四条第一款明确规定："国家实行土地用途管制制度。"该条以法律形式确定了用途管制作为我国土地管理的根本制度，在法律上规定了土地利用总体规划的地位、作用及审批程序，以土地利用总体规划作为土地用途管制的依据，规定了农用地转为建设用地的审批权限，及不按照规定的土地用途使用土地行为的法律后果，以法律责任作为土地用途管制的保障。土地用途变更必须经过审批，不按照规定的土地用途使用土地的行为将受到行政处罚甚至刑事制裁。在我国，因耕地的稀缺及其重要性，十分珍惜、合理利用土地和切实保护耕地已成为我国的基本国策。严格限制农用地转为建设用地，控制建设用地总量，对耕地实行特殊保护。建设占用土地，涉及农用地转为建设用地的，应当按规定办理审批手续。

上述关于土地用途管制的规定为效力性强制性规定，相关协议如违反，即为无效协议。

2. 因擅自改变土地用途而致土地租赁合同无效的法律后果。

《中华人民共和国民法典》第一百五十七条规定，民事法律行为无效后，行为人因该行为取得的财产应当予以返还。有过错的一方应当赔偿对方由此所受到的损失，各方都有过错的，应当各自承担相应的责任。因此，在土地使用权租赁过程中，为确保土地租赁合同的效力、避免承担过错赔偿责任，出租方应如实披露土地的性质和用途，承租方在承租土地过程中，也应尽到谨慎审查的义务，否则，双方需根据各自过错程度分别承担相应责任。

在土地使用权租赁过程中，承租方已尽到审查义务的，无须担责。司法实践中，由于当事人的法律知识、对法律关系的分析判断能力各不相同，通常不能达到司法裁判所要求的专业水平，承租方尽到何种程度的审查义务才无须担责？应采取普通人的注意义务标准，法院审查时不应过于苛责。本案中，乙机械公司与某镇政府之间的租赁合同明确载明案涉土地的性质为非农集体土地使用权，土地用途为工业用地，甲机械公司在承租土地时，对于土地使用权性质及乙机械公司是否具有土地使用权，按照一般注意义务标准已尽到审查义务，并无过错，故无须担责。而华阳公司作为出租方未尽如实披露义务，应承担相应责任。

3. 出租人委托他人签订的土地租赁合同无效的责任承担。

委托人及受托人明知违反法律强制性规定仍出租土地，应对承租人所受损失承担连带赔偿责任。《中华人民共和国民法典》第一百六十七条规定，代理人知道或者应当知道代理事项违法仍然实施代理行为，或者被代理人知道或者应当知道代理人的代理行为违法未作反对表示的，被代理人和代理人应当承担连带责任。如土地使用权主体另行委托他人将土地使用权分割并多次流转或租赁，在委托或代理的过程中，委托人与受托人均需对委托代理的行为或事项是否违反法律强制性规定进行必要的监管和甄别，如受托人明知违法而代理，或委托人明知违法而默许，则委托人与受托人需承担连带责任。在此需要注意的是，有损害方有救济，这是民事损害赔偿的基本法理，因此，委托人与受托人的连带责任也要以造成他人，通常是相对人实际损害为前提。但如果相对人也知道该委托代理行为或者事项违法仍然与受托人进行相应行为的，则相对人与受托人之间的行为本身即是违法的，此时，因该违法行为导致的损害不应受到法律保护；即使在该相对人与受托人之间的行为并非违法的情形下，也应当认定此时相对人本身存在故意或者重大过失，进而免除或者减轻委托人与受托人的责任。

编写人：江苏省无锡市惠山区人民法院　马英峰

四、土地承包经营权合同纠纷

13

农村土地使用权流转效力的司法认定

——袁某诉陆某、朱某土地承包经营权合同案

【案件基本信息】

1. 裁判书字号

江苏省连云港市赣榆区人民法院（2021）苏0707民初514号民事判决书

2. 案由：土地承包经营权合同纠纷

3. 当事人

原告：袁某

被告：陆某、朱某

【基本案情】

袁某于2014年2月20日向某村委会租赁涉案土地，某村委会向其开具农村集体经济组织结算凭证，载明土地面积为48米×28米，收款用途为租金，收款金额为60000元，未载明租赁期限。

2018年2月，袁某与陆某达成协议，袁某将涉案土地出售予陆某，陆某给付袁某地价246000元。后土地管理部门就袁某违法买卖土地一事约谈袁某，袁某与陆某协议解除了合同，袁某将246000元购地款退还陆某。

原合同解除后，双方仍想继续就涉案土地的使用签订合同，2018年3月22日，袁某与陆某、朱某达成协议。三方约定：袁某将涉案土地长期承包给陆某使用，承包费为246000元；承包费交纳时间为袁某将涉案土地办理合法用地、建房手续后；办成建房手续后，土地及房屋使用权归陆某所有；袁某与陆某各自拿出保证金50000元交由朱某保管。如一方违约，扣除其保证金给对方，另外再按照保证金的五倍数额赔偿对方。当日，袁某通过银行转账向朱某交纳50000元保证金，陆某一直未交纳。

涉案土地现仍由袁某占有，用于种植农作物，该土地尚未办理土地使用权登记。陆某主张其与袁某签订合同的目的系在涉案土地上建设厂房用于服装加工生产。

由于袁某一直未能办理用地手续，陆某指示朱某不要将50000元保证金退还给袁某，故袁某提起诉讼，要求陆某、朱某退还50000元保证金。

【案件焦点】

当事人以建设厂房为目的就涉案土地承包达成的协议是否有效。

【法院裁判要旨】

江苏省连云港市赣榆区人民法院经审理认为：违反法律强制性规定的合同无效。袁某向某村委会租赁了涉案土地，但未办理相关权属登记，故袁某系占用涉案土地，但并未依法取得土地使用权。袁某与陆某于2018年3月22日签订的合同，名为土地承包合同，但该合同未约定承包的期限，签订合同的目的系用于建房，故双方实为借承包合同的名义买卖土地。根据《中华人民共和国土地管理法》的规定，土地所有权禁止任何单位和个人进行买卖或以其他形式转让，土地使用权只能在法律规定的范围内转让。故袁某在尚未取得土地使用权的情况下与陆某所签订的协议，违反了法律强制性规定，该协议系无效合同。因无效合同而取得财产的，应当予以返还。朱某自袁某处取得保证金50000元，应当由朱某承担返还责任。

江苏省连云港市赣榆区人民法院依照《最高人民法院关于适用〈中华人民

共和国民法典〉时间效力的若干规定》第一条、《中华人民共和国合同法》第五十二条、《中华人民共和国土地管理法》第二条、《中华人民共和国土地管理法实施条例》第四条规定，判决如下：

一、朱某应于本判决发生法律效力之日起十日内返还袁某保证金 50000 元；

二、驳回袁某其他诉讼请求。

判决后，双方当事人均未上诉，本判决现已生效。

【法官后语】

《中华人民共和国土地管理法》第二条第三款规定：任何单位和个人不得侵占、买卖或者以其他形式非法转让土地。土地使用权可以依法转让。上述法条维护的是社会公共利益，应当识别为效力性强制性规定。违规倒卖土地严重者，或触犯刑法第二百二十八条非法转让、倒卖土地使用权罪。

实践中，村委会、农民个人将基本农田、一般农用地等农村集体所有的非建设性用地以出租、承包等名义进行转让，用于建设住宅、厂房的现象时有发生，所签订的出租、承包合同通常无期限，所收取的费用也远高于正常的农用地流转价格，当事人也均明知合同履行后的实际效果系改变土地性质用于非农业建设。以本案为例，双方还对办理用地手续进行相关约定，表面上看双方订立了附条件合同，现条件未能成就，故保证金无须返还。但实质上，土地所有权禁止买卖，土地使用权只能待取得土地使用权证后才能进行转让，故原、被告订立合同的目的违反了法律的效力性规定，应当无效。该类案件中双方的真实目的均系规避法律法规中禁止非法转让土地的有关规定。人民法院对于此类合同的性质应当依法进行主动审查，从而对该类合同的法律性质进行否定性评价。

《中共中央 国务院关于做好 2022 年全面推进乡村振兴重点工作的意见》指出，落实“长牙齿”的耕地保护硬措施，严守 18 亿亩耕地红线，严厉查处违法违规占用耕地从事非农建设。在上述政策背景下，对于以“租赁”“承包”等类似名义占用土地的合同予以确认无效，具有重要的现实意义。

编写人：江苏省连云港市赣榆区人民法院　朱孟杰　赵丹

14

村集体经济组织不得以土地集中流转为由提前收回承包地

——封某诉某村委会农村土地承包合同案

【案件基本信息】

1. 裁判书字号

江苏省连云港经济技术开发区人民法院（2020）苏 0791 民初 195 号民事判决书

2. 案由：农村土地承包合同纠纷

3. 当事人

原告：封某

被告：某村委会

第三人：某街道办事处

【基本案情】

2015 年 1 月 1 日，某村委会（甲方）与封某（乙方）签订《鱼塘承包合同》，约定甲方将面积为 129.7 亩的鱼塘承包给乙方。鱼塘承包期限 7 年，自 2015 年 1 月 1 日起至 2021 年 12 月 31 日止。承包费每亩每年 450 元，共计 58365 元。每年 12 月 31 日前，乙方向甲方全额交纳下年度的承包费。合同签订后，封某进行鱼塘混合养殖。2019 年 4 月 12 日，某村委会（甲方）、旅游开发公司（乙方）、某街道办事处（丙方）三方签订《土地流转合同》，约定甲方将 916.69 亩土地，包括鱼塘、虾塘经营权流转给乙方，用于发展与风景区旅游有关的休闲观光农业项目。

封某应某村委会集中流转土地的要求，2019 年春季停止对鱼塘投产经营。

某街道办事处曾于2019年3月14日委托评估机构对封某的鱼塘及附属设施进行评估，封某未收到土地流转费及附属设施补偿费用。土地流转受让方旅游开发公司也未与封某直接签订流转合同和交接鱼塘，直至2020年2月14日封某提起诉讼，涉案鱼塘处于无人管理状态。

诉讼中，法院追加某街道办事处为第三人。某街道办事处称封某的鱼塘暂不进行土地征用及流转，合同可以继续履行。但此时已错过2020年春季鱼虾投苗期。封某主张对2019年、2020年两个年度的经营损失进行司法鉴定。评估结论为：涉案鱼塘2019年3月14日至2020年12月31日经营损失在评估基准日市场价值为619360元。

封某的承包费缴纳至2017年12月31日，2018年起至本案起诉时欠缴三年承包费合计175095元。封某非某村村民，涉案鱼塘发包事宜经过某村集体议事程序并经某街道办事处同意。

【案件焦点】

集体经济组织以外的单位或者个人依照法定程序承包农村土地后，发包方能否以涉案土地集中流转为由，提前终止承包合同，收回承包地。

【法院裁判要旨】

江苏省连云港经济技术开发区人民法院经审理认为：农村土地的承包方享有生产经营自主权，有权自主决定承包土地是否流转及流转方式，发包方不得强迫或者阻碍承包方依法进行土地承包经营权的互换、转让或者土地经营权流转，不得提前收回承包地。某村委会经过村集体议事程序将鱼塘发包给封某承包经营，双方签订的《鱼塘承包合同》合法有效。现承包期限尚未届满，也未在承包期内发生土地征用，涉案承包合同具有继续履行条件，封某主张继续履行合同，予以支持。某村委会于2019年初以土地需集中流转为由，要求封某停止生产经营，干涉封某自主经营权，造成经营损失，应承担违约赔偿责任。经鉴定，涉案鱼塘2019年、2020年两个年度预期经营收益为619360元。该鉴定意见是以封某正常投入生产经营可能获得的收益进行评估，系可得利益损失。

本院考虑到封某未进行生产投入所节省的人、财、物力可以投入到其他生产经营活动中获取收益，封某实际损失理应低于评估的预期收益。且封某在停止鱼塘生产经营一段时间后，发现土地流转程序仍未启动，也未强制收回鱼塘，封某既然要求继续履行合同，且有条件在 2020 年春季投苗期投产，其未采取适当措施止损，致使经营损失扩大，也具有一定过失。因此，本院综合考量以上情况，酌定某村委会赔偿封某的经营损失为 619360 元×65% = 402584 元，与封某应缴纳的 2018—2020 年承包费 175095 元冲抵后，某村委会还应支付给封某 227489 元。2019 年以后封某因土地流转问题被要求停止经营，未再缴纳承包费属于事出有因。庭审中，封某同意补交 2018—2020 年承包费，并请求从某村委会支付的赔偿款中冲抵。封某具有继续履行合同的诚意，虽迟延履行债务，但并非致使合同目的不能实现的根本违约行为。

江苏省连云港经济技术开发区人民法院根据《中华人民共和国合同法》第一百零七条、第一百一十三条第一款、第一百一十四条第一款和第二款，《中华人民共和国农村土地承包法》第三十六条、第五十七条的规定，判决如下：

一、某村委会继续履行与封某签订的《鱼塘承包合同》；

二、某村委会赔偿封某经济损失 402584 元，与封某应缴纳的 2018—2020 年承包费 175095 元冲抵后，实际应向封某支付 227489 元，于本判决生效之日起十日内履行完毕；

三、驳回封某的其他诉讼请求。

判决后，双方当事人均未上诉，本判决现已生效。

【法官后语】

农村集体经济组织作为发包人，何种情况下构成侵犯承包人的承包经营权，何种情况下可以行使单方解除权，《中华人民共和国农村土地承包法》采取“负面清单+正面清单”相结合的方式予以规定。一方面，该法第五十七条从“负面清单”角度规定发包方禁止“为”的情形，具体包括违反本法规定收回、调整承包地等七种常见情形，并以“其他侵害土地承包经营权的行为”进行兜底。发包方有上述行为之一的，应当承担停止侵害、排除妨碍、消除危险、返还财产、恢复原状、赔偿损失等民事责任。另一方面，该法列出“正面清单”，第六十四条赋予发包方终止土地经营权流转合同的权利，即出现法定解除事由时（擅自改变土地的农业用途、弃耕抛荒连续两年以上、给土地造成严重损害或者严重破坏土地生态环境），如承包方在合理期限内不解除土地经营权流转合同的，发包方有权行使终止土地经营权流转合同的权利，直接、单方解除合同。土地经营权人对土地和土地生态环境造成的损害应当予以赔偿。这种制度安排突破了合同解除相对性的限制，为维护集体土地权益提供了良好的制度保障。

某村委会希望通过土地集中流转的方式来实现更大的集体利益，出发点是好的。但必须按照合同约定、法律规定，处理好与承包人之间的承包合同关系，不得侵犯承包人的经营自主权等合法权益。本案中，某村委会与封某签订的《鱼塘承包合同》合法有效，不存在承包合同期限届满、土地被征用、土地使用价值丧失等导致合同终止的客观原因，也不存在承包人或土地流转后的经营权人擅自改变土地用途、连续两年以上抛荒、给土地造成严重损害或者严重破坏土地生态环境等导致合同终止的主观原因（即《中华人民共和国农村土地承包法》第六十四条的情形），双方也未就解除合同事宜达成一致意见，合同应继续履行。承包期内，除非出现土地被征用等客观正当理由及承包人或土地流转后的经营权人具有《中华人民共和国农村土地承包法》第六十四条规定的违法行为，发包人不得收回承包地。发包人某村委会以可能要发生的“土地征用”为由，单方通知承包人封某解除承包合同，导致涉案鱼塘撂荒一年多，给封某造成了较大的经济损失。发包人某村委会单方解除合同的行为属于《中华人民共和国农村土地承包法》第五十七条第二项“违反本法规定收回、调整承包地”的行为，应承担停止侵害、赔偿损失等民事责任。综上，发包人某村委会要提前终止合同，应本着平等协商的精神，就经济损失赔偿等问题与承包人封某达成一致，而不是简单地以土地需要集中流转、征用等名义要求停止经营。

编写人：江苏省连云港经济技术开发区人民法院　戴培培　薛子裔

五、其他土地纠纷

15

涉土地权属争议的相邻纠纷的裁判规则

——阮某辉诉阮某映、阮某明排除妨害案

【案件基本信息】

1. 裁判书字号

福建省莆田市中级人民法院（2021）闽03民终2028号民事判决书

2. 案由：排除妨害纠纷

3. 当事人

原告（被上诉人）：阮某辉

被告（上诉人）：阮某映

被告：阮某明

【基本案情】

阮某明与阮某映系父子关系，二人的房屋东西相邻、合墙。阮某明房屋东西四至为：西为自墙为界，界外阮某华厝；东为与阮某映厝合墙，以墙中线为界；北为自墙为界，界外空地；南为自墙外1.2米为界，界外大埕。阮某映房屋东西四至为：西为与阮某明厝合墙，以墙中线为界；东为自墙为界，界外阮文华厝；北为自墙为界，界外空地；南为自墙外1.2米为界，界外大埕。阮某辉房屋与阮某映房屋东西毗邻，前者在东、后者在西，均为坐北朝南。阮某映房屋先于阮某辉房屋翻建。阮某映、阮某明原在阮某映房屋东面墙壁往南延伸处修建一堵围墙和一座土地公小庙，往北延伸处修建一堵围墙。阮某辉与阮某明、阮某映双方因房屋之间占用土地的问题一直存在争议。2019 年 11 月 7 日、12 月 8 日，阮某明、阮某映阻拦阮某辉搭架装修其房屋西面墙壁。2020 年 9 月 3 日，阮某明私自将阮某辉搭建的竹架拆除。9 月 4 日，镇、村干部及派出所前往现场进行调解。9 月 10 日，阮某映、阮某明拆除在其房屋北面的旧围墙。10 月 6 日，阮某映、阮某明拆除其房屋南面的旧围墙及土地公小庙。11 月 13 日，阮某映、阮某明在与阮某辉房屋之间的巷道加高堆筑水泥混凝土。12 月 19 日，阮某映、阮某明在其房屋北面新建围墙，并与阮某辉房屋西面墙壁相连形成“┐”形的围墙。同时，阮某映、阮某明在其房屋南面新建围墙及土地公小庙，围墙与阮某辉房屋西面墙壁相连。

2021 年 2 月 2 日，阮某辉以阮某映、阮某明修建的围墙、土地公小庙、加高的水泥混凝土等影响其日常生活为由请求判令：1. 阮某映、阮某明立即拆除在其屋后菜地和门埕前违建的围墙、土地公小庙，清理在两家房屋相邻中间巷道上高筑的混凝土，立即排除妨害，恢复原貌；2. 阮某映、阮某明不得阻挠其正常的外墙装修，停止侵权，赔偿损失。

【案件焦点】

1. 双方相邻中间巷道上加高堆筑的混凝土是否应该清除；2. 讼争围墙及土地公小庙是否应予以拆除。

【法院裁判要旨】

福建省仙游县人民法院经审理认为：阮某映、阮某明作为阮某辉的邻居，应为阮某辉装修房屋提供必要的协助及便利，故对于阮某辉要求阮某映、阮某明不得阻拦其外墙装修的请求，予以支持。阮某映、阮某明在双方房屋之间的巷道加高堆筑混凝土的行为，影响了阮某辉房屋的安全及排水的畅通，阮某辉要求阮某映、阮某明清除加高堆筑混凝土（包括巷道中的混凝土及阮某辉房屋西面墙壁处一长10米，高0.3米的砖墙）的诉求有理，亦予以支持。阮某映、阮某明在阮某辉房屋北面与阮某辉房屋西面墙壁相连，新修建的围墙具有封闭性，结合现场勘验的情况，容易影响阮某辉房屋排水的畅通，且阮某映、阮某明在阮某辉房屋北面、南面新修建围墙和土地公小庙，在双方土地使用权尚存争议的情况下，其私自改变历史现状的行为，违反了相邻之间应团结互助的原则，故阮某辉要求阮某映、阮某明拆除其房屋北面与其西面墙壁相连的“┐”形围墙及南面与其西面墙壁相连的围墙及土地公小庙的诉讼请求有理，予以支持。因阮某辉未能提供充分证据证明其搭架装修造成的损失，故对阮某辉要求赔偿损失的诉求，不予支持。

福建省仙游县人民法院依照《最高人民法院关于适用〈中华人民共和国民法典〉时间效力的若干规定》第一条，《中华人民共和国民法典》第二百八十八条、第二百九十条、第二百九十二条、第二百九十五条及《中华人民共和国民事诉讼法》第一百四十四条规定，判决如下：

一、阮某映、阮某明应于本判决生效之日起十日内将位于其房屋北边与阮某辉房屋西面墙壁相连的“┐”形围墙、位于其房屋南边与阮某辉房屋西面墙壁相连的围墙及土地公小庙拆除；

二、阮某映、阮某明应于本判决生效之日起十日内将位于其房屋与阮某辉房屋之间的巷道中加高堆筑的混凝土（包括巷道中的混凝土及阮某辉房屋西面墙壁底下一长10米，高0.3米的砖墙）清除；

三、阮某辉装修其房屋外墙时，阮某映、阮某明不得阻拦；

四、驳回阮某辉的其他诉讼请求。

阮某映不服一审判决，提出上诉。福建省莆田市中级人民法院经审理认为：阮某映、阮某明在双方房屋之间的巷道加高堆筑混凝土的行为，影响了阮某辉房屋排水等相邻权益，现阮某辉请求予以排除妨害，有事实依据，予以支持。阮某映、阮某明修建的围墙和土地公小庙涉及的土地，现双方均未提供证据证实权属归属，一审法院认定在该案涉土地权属尚存争议的情况下，不宜单方擅自改变历史状态是正确的。且该围墙及土地公小庙亦侵犯到阮某辉的相邻权益，一审法院据此认为应一并予以拆除并无不当。阮某辉房屋装修行为并未侵犯到阮某映和阮某明的合法权益，阮某映、阮某明作为邻居应提供相应的便利，如此亦符合社会主义核心价值观倡导的理念。阮某明对一审法院的判决未提起上诉，视为其对一审法院判决没有异议，予以确认。综上，阮某映上诉请求不能成立，不予支持。

福建省莆田市中级人民法院依照《中华人民共和国民事诉讼法》第一百七十条第一款第一项规定，判决如下：

驳回上诉，维持原判。

【法官后语】

相邻纠纷中，被告方针对原告起诉的反驳意见大致可分成两种，一是行使相邻权的行为不构成妨害；二是涉案土地在其权属范围内。对于前者，法院的处理方式与一般的民事案件相同，即在本案中一并解决原告诉请与被告答辩的问题。对于后者，由于《中华人民共和国土地管理法》关于土地争议由政府处理的原则性规定，在双方对土地权属未另行主张的情况下，法院是否应在相邻纠纷中一并处理土地争议问题，以及是否予以实体上的认定并最终给出判决结果，实践中主要有以下几种做法：一是认为只要涉及土地使用权争议就应由政府处理，直接驳回起诉。二是坚持民事诉讼的“不告不理”原则，即审判的范围原则上限定在当事人诉请的范围内，从原告主张的相邻法律关系性质出发，根据当事人在该种法律关系下提出的主张是否有相应法律依据支持来确定审理范围。三是对讼争位置的土地使用权以双方没有提供证据证明为由，认定不具有排他性的占有使用权。四是虽然原告主张相邻法律关系，但依据处理土地争议的法律审理案件，实际上已对原告主张的法律关系进行了变更。

在土地权属不明的情况下，若只处理原告主张的相邻纠纷，不处理双方争议的权属问题，则可能无法较好地保护弱势一方的利益。若对弱势一方的主张不予支持，不仅无法达到法律效果与社会效果的统一，还会对个人利益造成重大损害。因此，应适当扩大此类案件诉讼标的的识别范围，以诉讼所指向的纠纷事件或生活事实本身为标尺。由于土地争议系双方产生纠纷的主要原因，相邻纠纷诉讼所指向的事件包括土地争议本身，土地争议可视为相邻纠纷牵连发生的同一纠纷事件，基于此，土地权属争议也系原告主张的法律关系，与相邻纠纷可纳入同一诉讼标的考量。此时，法院可结合《中华人民共和国土地管理法》第十四条第四款的规定，依据相邻关系的处理原则，从“维持现状”“行为对于相邻方是否损害”等方面进行审查，认定相邻一方是否构成妨害。

具体到本案，应适当扩大该案诉讼标的的识别范围，将相邻纠纷和土地争议两个法律关系纳入同一诉讼标的的考察，从是否对相邻方构成损害等方面对相邻关系进行审查，对土地争议则以不属于民事诉讼受案范围不予评定，同时依据《中华人民共和国土地管理法》第十四条第四款的规定，以权属争议处理前不能改变现状作为最后裁判依据。本案的审结，不仅符合现有法律的规定，在推动树立和践行能动司法理念，确立此类案件的统一裁判标准等方面，也具有一定的参考价值。

编写人：福建省仙游县人民法院　林少军

16

家庭承包土地被他人占用引起的争议属于人民法院应当受理的民事纠纷

——刘甲诉刘乙恢复原状案

【案件基本信息】

1. 裁判书字号

江苏省无锡市中级人民法院（2020）苏02民终5460号民事裁定书

2. 案由：恢复原状纠纷

3. 当事人

原告（上诉人）：刘甲

被告（被上诉人）：刘乙

【基本案情】

刘甲系刘某生、周某娥之子，刘乙曾系刘某生、周某娥养子。1998 年 11 月 15 日颁发的土地承包经营权证书载明，案涉土地承包经营权登记在刘某生名下，户内有 2 人。刘某生于 2006 年 5 月死亡。2020 年 2 月，江苏省宜兴市人民法院判决解除周某娥与刘乙的收养关系。2015 年 8 月 10 日，周某娥与刘甲签订农村土地承包经营权转让合同，将诉争 1.13 亩及另外 0.8 亩土地承包经营权一并转让给刘甲。2016 年 12 月 31 日，刘甲取得案涉土地承包经营权证。刘乙于 2001 年 8 月 9 日创办预制场（已注销），一直占有、使用案涉土地。刘甲认为，刘乙未经其同意，私自在其承包的土地上建造房屋并生产经营，侵犯了其土地承包经营权，请求刘乙将土地恢复原状，并向其支付占有使用费 30000 元。

【案件焦点】

家庭承包土地被他人占用引起的纠纷是否属于民事纠纷，人民法院应否受理。

【法院裁判要旨】

江苏省宜兴市人民法院经审理认为：预制场占用土地地类系建设用地，与土地承包经营权证记载为基本农田不一致。结合诉争土地的占有情况、刘甲与刘乙的关系及刘甲土地承包经营权证记载事项与权证的取得依据存在矛盾之处，刘甲与刘乙对案涉土地承包经营权的归属存在较大争议，该争议本质是土地使用权争议，应当由当事人向有关行政机关申请解决，不宜作为民事诉讼受理。

江苏省宜兴市人民法院依照《中华人民共和国土地管理法》第十四条，《中华人民共和国民事诉讼法》第一百二十四条第三项、第一百五十四条第一款第三项，《最高人民法院关于适用〈中华人民共和国民事诉讼法〉的解释》第二百零八条第三款规定，裁定如下：

驳回刘甲的起诉。

刘甲不服一审裁定，提出上诉。江苏省无锡市中级人民法院经审理认为：因土地承包经营发生纠纷的，双方当事人可以通过协商解决，也可以请求村民委员会、乡（镇）人民政府等调解解决。当事人不愿协商、调解或者协商、调解不成的，可以向农村土地承包仲裁机构申请仲裁，也可以直接向人民法院起诉。本案中，刘甲持土地承包经营权证诉刘乙占有其土地，侵害其权益，符合人民法院受理民事案件的范围，一审法院驳回起诉错误，应予撤销。

江苏省无锡市中级人民法院依照《中华人民共和国民事诉讼法》第一百七十一条，《最高人民法院关于适用〈中华人民共和国民事诉讼法〉的解释》第三百三十二条规定，裁定如下：

一、撤销宜兴市人民法院民事裁定；

二、本案指令宜兴市人民法院审理。

【法官后语】

对于因土地承包经营权引起的争议，有观点认为，由当事人协商解决，协商不成的，由人民政府或者相关行政主管部门处理。该观点实质是混淆了土地承包经营权侵权纠纷与土地权属争议。

1. 土地权属争议与土地侵权纠纷在法律上是不同的概念。

土地权属争议与土地侵权纠纷在法律上是两个完全不同的概念，在行为上亦有本质区别。土地的权属不清，未经人民政府依法确认登记，双方或者多方当事人对土地的所有权或者使用权提出主张，构成土地权属争议。土地权属争议应当由人民政府处理，未经人民政府处理的，人民法院不得直接受理。土地侵权纠纷是指在土地权属已经确定的情况下，发生侵犯土地权利的行为而引起的纠纷，人民法院应当作为民事案件受理。实践中，土地侵权案件的当事人往往会提出土地权属异议，对此，不能一概将其归为土地权属争议，而应进行甄别，确认土地权属是否明确，对于土地权属明确的应当作为民事案件受理和审理，充分保护当事人的诉权和物权。

2. 土地权属经依法登记后引起的侵权纠纷，不属于土地权属争议，人民法院应当受理。

根据《中华人民共和国土地管理法》第十二条第二款规定，依法登记的土地所有权和使用权受法律保护，任何单位和个人不得侵犯。《关于土地登记发证后提出的争议能否按权属争议处理问题的复函》（国土资厅函〔2007〕60号）进一步明确，土地权属争议是指土地登记前，土地权利利害关系人因土地所有权和使用权的归属而发生的争议。土地登记发证后已经明确了土地的所有权和使用权，土地登记发证后提出的争议不属于土地权属争议。由此可见，土地依法应当受到保护的前提是“依法登记”，“依法登记”后发生争议的，不属于土地权属争议，当事人可以直接提起民事诉讼。因此，当事人提供的基本证据能够证明案涉土地归属，符合人民法院受理民事案件条件的，应当依法予以受理。

3. 土地承包经营权侵权纠纷属于民事纠纷，人民法院应当予以受理。

农村土地承包经营纠纷具有特殊性，是我国农村土地法律制度中特有的概念，具体是指土地承包经营权人为从事种植业、林业、畜牧业，对其承包集体所有或者国家所有由农民集体使用的耕地、林地、草地以及其他用于农业的土地所享有的占有、使用、收益的权利。根据《中华人民共和国农村土地承包法》第五十五条规定，因土地承包经营权发生纠纷的，当事人可以协商、仲裁，或者直接向人民法院起诉；第五十六条规定，任何组织和个人侵害土地承包经营权的，应当承担民事责任，即将此类侵权纠纷明确为按照民事争议处理。

具体到本案，一审法院认为，刘甲土地承包经营权证记载事项与权证的取得依据存在矛盾，且刘甲与刘乙对案涉土地承包经营权的归属存在较大争议，故该案实质系土地使用权争议，因而对刘甲的起诉不予受理。笔者认为，一方面，该案实质属于因土地承包经营权所引起的纠纷，应当作为民事案件受理，一审法院认定该案属于土地权属争议而不予受理系错误。另一方面，即使按一审法院的审理思路，其所认定的争议事项属于人民法院在查明事实阶段应审查的问题。若未经审理直接否定当事人的诉权，不仅有损当事人的诉权，也无法保护相关实体权益。本案中，刘甲已向法院提交了人民政府颁发的土地承包经营权证，可以证明其对案涉土地存在权益，其以土地承包经营权的行使受到侵害为由，向人民法院提起的诉讼，属于平等主体之间的民事纠纷，故属于人民法院受理民事案件的范围。

编写人：江苏省无锡市中级人民法院　顾妍　王嘉熙

17

平衡电力设施安全利益与林木种植利益冲突时绿色原则的适用

——园林绿化工程公司诉电网公司等财产损害赔偿案

【案件基本信息】

1. 裁判书字号

云南省昆明市呈贡区人民法院（2021）云 0114 民初 3925 号民事判决书

2. 案由：财产损害赔偿纠纷

3. 当事人

原告：园林绿化工程公司

被告：电网公司、某市供电局、某区供电局、电力公司

【基本案情】

电网公司系某省辖区电力管理单位，某市供电局系电网公司的分公司，负责某市辖区内的电力管理，某区供电局系某市供电局的分支机构，负责某区辖区内的电力管理，电力公司根据与某市供电局签订的合同，负责某区辖区内日常电力设施维修。

2000 年 1 月，某区供电局建设一 10kV 架空电力设施工程。2010 年 7 月，园林绿化工程公司承包了某区已收储、尚未开发建设的 10000 亩土地，用于种

植景观苗木，从事绿化美化建设。某区供电局上述架空电力设施位于园林绿化工程公司承包的该宗土地范围内，后园林绿化工程公司种植的部分苗木在电力线路保护区内，由于该区域内苗木的生长影响电力设施正常工作，造成电力设施安全隐患，2020 年 4 月，某区供电局向当地绿化局发函，要求对案涉绿化树木进行修剪施工作业，以排除安全隐患。当地绿化局回函同意对存在安全隐患的绿化树木进行排危修剪，但要求先选取 2~3 株苗木进行示范修剪，经绿化局现场查看符合要求后方可推广施工。

2020 年 7 月，电力公司未经园林绿化工程公司同意，也未按绿化局要求进行示范修剪，即委托案外人对园林绿化工程公司种植在涉案电力设施下的中山杉、柳树、香樟等大量树木进行了修剪。经鉴定，超出修剪范围修剪的苗木共计 218 棵。园林绿化工程公司支付鉴定费 10000 元。

园林绿化工程公司认为电力公司擅自砍伐其栽种的苗木，造成财产损失，诉至法院要求赔偿。

【案件焦点】

为排除安全隐患对电力线路保护区内的树木进行修剪是否构成侵权。

【法院裁判要旨】

云南省昆明市呈贡区人民法院经审理认为：第一，关于案涉被砍伐或修剪的树木的权属。涉案电力线路保护区内的苗木系园林绿化工程公司在合法承租的土地上种植，该公司对上述苗木享有所有权，其依法享有赔偿请求权。

第二，关于涉案修剪苗木的行为是否构成侵权。《电力设施保护条例实施细则》第十三条规定："在架空电力线路保护区内，任何单位或个人不得种植可能危及电力设施和供电安全的树木、竹子等高杆植物。"第十六条第三项规定："根据城市绿化规划的要求，必须在已建架空电力线路保护区内种植树木时，园林部门需与电力管理部门协商，征得同意后，可种植低矮树种，并由园林部门负责修剪以保持树木自然生长最终高度和架空电力线路导线之间的距离符合安全距离的要求。"园林绿化工程公司所承包的土地用途为园林绿化，所种植的苗木为绿化景观苗木，属于当地绿化局管理范围，自承包至修剪时已十余年，在此期间，电力公司作为电力设施管理单位，应该知道园林绿化工程公司在电力线路保护区内种植苗木的情况，但并未提出异议或要求砍伐或移植，其行为表明同意种植的意思。且某区供电局向当地绿化局发函，也仅要求对影响电力安全的树木进行修剪，绿化局回函同意修剪并提出具体要求。电力公司应按国家标准及绿化局回复的要求进行修剪。但根据鉴定意见，电力公司存在对 218 棵苗木的超范围修剪，且未按绿化局要求先行进行示范修剪，导致园林绿化工程公司的苗木经济价值贬值，造成园林绿化工程公司财产损失，故电力公司的行为构成侵权，依法应承担侵权责任。

第三，关于电网公司、某市供电局、某区供电局应否及如何承担责任。电力公司根据与某市供电局的合同约定，作为案涉电力线路的日常清理维护单位，将案涉电力线路保护区内的树木修剪以协议方式交给案外人具体施工，其实质为委托，相应的法律后果依法应由委托人即电力公司承担。电网公司、某市供电局和某区供电局仅作为电力设施的管理部门，未实施具体侵权行为，依法不应承担侵权责任。

第四，关于原告的损失如何认定。鉴定机构作出的《价格咨询意见书》未能对超范围修剪树木的损失进行具体量化金额进行了说明，且鉴定人员亦出庭接受质询，对相关事项进行了合理说明。原、被告双方对鉴定意见认定的原告被修剪的苗木共计 218 棵的事实无异议，对原告主张的损失，本院根据本案实际，酌情按每棵苗木 300 元认定损失，共计 65400 元。

云南省昆明市呈贡区人民法院依据《中华人民共和国民法典》第二百三十八条、《中华人民共和国民事诉讼法》第六十七条规定，判决如下：

一、被告电力公司支付原告园林绿化工程公司苗木损失 65400 元；

二、驳回原告园林绿化工程公司的其他诉讼请求。

被告电力公司不服一审判决，提出上诉。后经云南省昆明市中级人民法院准许撤回上诉，一审判决发生法律效力。

【法官后语】

《中华人民共和国民法典》（以下简称《民法典》）第九条规定：“民事主体从事民事活动，应当有利于节约资源、保护生态环境。”该条款阐释的绿色原则，要求人们的生产、生活要与资源和环境相协调，践行生态保护与绿色低碳发展的理念。电力设施的安全涉及社会公共利益，但民事主体的财产权利亦受法律保护，当两者存在利益冲突时，绿色原则为司法中的价值判断和选择提供了法律适用指引，使司法裁判能够兼顾保障公共安全和促进生态建设。

1. 社会公共利益与民事主体私益的冲突。

电力设施是国家重要的基础设施和社会公用设施，涉及公共安全乃至国家安全，电力设施的安全运行无疑是重要的社会公共利益。为保证已建架空电力线路的安全运行和正常供电，《电力设施保护条例》规定必须设置一定的安全区域。依照《电力设施保护条例实施细则》第十三条规定，在架空电力线路保护区内，不得种植可能危及电力设施和供电安全的树木等。若任由电力线路保护区内的苗木自然生长，将直接影响电力设施正常工作，造成电力设施安全隐患，对众多不特定用户的用电安全和稳定产生公益损害风险，构成损害社会公共利益。故电力设施管理单位基于职权，有权采取相应措施排除隐患，以维护社会公共利益。但是，行使公共管理职权经常会触及权利主体的私益，由此导致公共利益与民事主体私益的冲突。本案中，案涉电力设施架设在前，保护区内的苗木种植在后，但是基于电力设施管理单位长期默认涉案苗木符合《电力设施保护条例实施细则》第十六条第三项规定的“可种植低矮树种”的情形以及苗木已经长成树木，具有一定的生态价值和财产价值等原因，涉案苗木应当属于园林绿化工程公司的合法财产。至此，对苗木的修剪，即形成电力设施安全利益与苗木种植者财产利益的冲突，需要司法裁判为之划定边界。

2. 绿色原则在处理利益冲突时的适用。

解决利益的冲突，首先应确定利益的顺位。结合民事法律、司法解释并进行体系分析可知，本案电力设施的安全运行属公共利益、安全利益，而苗木利益则为个体利益、财产利益，同时承载着生态利益。通常情况下，对公共利益、安全利益的保护应当优先于个体利益、财产利益，故法院基于利益保护的顺位，认可电力设施管理单位有权对造成电力设施安全隐患的苗木进行修剪，民事权利受害方应予以容忍。然而公共利益、安全利益的实现，并不意味着可以忽视个体利益和财产利益，可适用绿色原则进行利益调整。本案争议的标的虽为财产损害，但是审理中不仅考虑到苗木长成后的经济价值，同时考虑到树木的生态价值，认为此时若强行铲除或任意修剪树木，势必造成资源的巨大浪费，并损及生态利益。为此，从裁判思路上引入绿色理念对电力设施管理单位的修剪行为加以限制，认为修剪首先应满足公共利益、安全利益目的的实现，在符合相关国家标准的前提下采取最小侵害之方法，以最大化地保留苗木的经济和生态价值，在此规则指引下，认定被告应对超出必要范围的修剪承担侵权责任。此种对绿色原则的适用，可为类似利益冲突的处理提供参考。

尽管本案中的修剪行为发生在《民法典》施行之前，但在本案审理中尊重各方合法权益，以平衡利益冲突为审理要点，坚持贯彻绿色司法理念，实现安全、生态、财产等价值的多维保护，审判思路符合《民法典》绿色原则的基本精神。

编写人：云南省昆明市呈贡区人民法院　黄云　廖平

18

存在户籍迁出情形的农村集体经济组织成员资格的认定

——雷某刚诉某村民小组侵害集体经济组织成员权益案

【案件基本信息】

1. 裁判书字号

陕西省合阳县人民法院（2020）陕0524民初2644号民事判决书

2. 案由：侵害集体经济组织成员权益纠纷

3. 当事人

原告：雷某刚

被告：某村民小组

【基本案情】

雷某刚的父母是某村民小组集体经济组织成员且户籍登记在某村民小组。雷某刚于1971年2月出生后户籍亦登记在某村民小组，后因跟随祖父母去青海省上学，将户口迁出。1994年8月3日，雷某刚与某村民小组集体经济组织成员杨某登记结婚，此后一直在某村民小组居住生活，雷某刚作为临时人员在某村卫生室上班。雷某刚自青海省回来后，户口登记在合阳县城关镇某社区，但未取得城镇企业职工社会保障。2015年3月20日，某村委会召开村、组干部及群众代表会议同意雷某刚户口迁入某村民小组，4月20日，雷某刚将户口从城关镇某社区迁入某村民小组。从2016年至今雷某刚一直在某社区村、组缴纳新型农村合作医疗费，享受村民新型农村合作医疗待遇，并参与村里选举等事项。

2020年9月，合阳县人民政府将征用某村民小组20.17亩土地的补偿款下拨，某村民小组制定了土地补偿款分配方案并予以公布，按照分配方案，某村民小组有资格的成员每人可分得土地补偿款2000元。按照某村民小组本次土地款分配参与人口截至2020年9月13日的规定，雷某刚发现自己不能参与分配，于是就找组长雷某献更正，雷某献得知雷某刚户口在2015年4月已迁入，答复雷某刚可以参与分配。但下发分配款时，无雷某刚的份额，雷某刚经与雷某献沟通未果，提起诉讼，请求判令某村民小组依法分配其征地补偿款2000元。

【案件焦点】

农村集体经济组织成员因上学将户籍迁出本集体经济组织，后又将户籍迁回的，能否当然取得本集体经济组织成员资格。

【法院裁判要旨】

陕西省合阳县人民法院经审理认为：农村集体经济组织或者村民委员会、村民小组，可以依照法律规定的民主议定程序，决定在本集体经济组织内部分配已经收到的土地补偿费。分配方案确定时已经具有本集体经济组织成员资格的人，有权获得相应的份额。雷某刚出生时其父母是某村民小组的集体经济组织成员，雷某刚出生后户口登记在某村民小组。雷某刚因上学迁出户口，但结婚后一直在本集体经济组织生产、生活，其家庭成员均是某村民小组的集体经济组织成员。2015年4月，雷某刚是经村、组会议研究同意后将户籍迁入某村民小组。户籍迁入之前雷某刚户籍登记在合阳县城关镇某社区，但其并未取得城镇企业职工社会保障。综上，雷某刚在将户籍迁入某村民小组后就取得某村民小组集体经济组织成员资格。按照某村民小组本次土地款分配参与人口截至2020年9月13日的规定，雷某刚有权参与分配，并应分得土地补偿款2000元。故对雷某刚的诉讼请求，依法予以支持。

陕西省合阳县人民法院依照《中华人民共和国民法总则》第三条、《最高人民法院关于审理涉及农村土地承包纠纷案件适用法律问题的解释》第二十四条规定，判决如下：

某村民小组在本判决生效后10日内给付雷某刚征地补偿款2000元。

判决后，双方当事人均未上诉，本判决现已生效。

【法官后语】

在户籍迁回农村的情形中，集体经济组织成员资格的认定关系到迁籍人员的切身利益，现分析如下：

1. 认定当事人具有集体经济组织成员资格的基本标准。

实践中，通常采取“一般标准+补充标准”。就一般标准而言，包括“户籍+年龄”“户籍+特定身份”“特定身份+户籍+履行相应义务”“户籍+特定身份”等方式；就补充标准而言，包括“履行义务+本社社员（代表）大会表决”“社委会或者理事会审查和成员大会表决”“本集体经济组织成员（代表）

大会表决”等做法。[①] 人民法院在审查当事人是否具有农村集体经济组织成员资格时，可以考虑采取以下思路，即当事人符合下列情形之一的，应当认定其具有集体经济组织成员资格：(1) 父母双方均具有本集体经济组织成员资格，或者父母一方具有本集体经济组织成员资格且依法登记为本集体经济组织所在地常住户口的；(2) 因合法的婚姻、收养关系，在本集体经济组织所在地生产、生活，并将户口迁入本集体经济组织所在地的；(3) 将户籍从其他农村集体经济组织迁入本集体经济组织时，已经通过村民会议或村民代表会议讨论同意，或虽未按程序召开村民会议或村民代表会议，但已经取得本集体经济组织的土地承包经营权，在本集体经济组织承包土地生产、居住生活的；(4) 经民主议定程序召开的村民会议或村民代表会议决定同意，符合村规民约等可以取得本集体经济组织成员资格的其他情形的。当然，以上只是一般标准，具体个案还应当结合入籍地的地方性法规、规章、政策及村民自治的章程等综合认定。

2. 在户籍迁出后又迁回的情形中，集体经济组织成员资格的认定。

集体经济组织成员资格认定涉及成员资格的原始取得、保留和丧失。户籍迁出后又迁回的迁籍人，都是已经取得过集体经济组织成员资格，因种种原因迁出户籍后丧失了该资格，现虽然将户籍迁回集体经济组织，但并不必然重新取得集体经济组织成员资格。这类人员主要包括军人、学生、回乡退养人员，“农转非”，被宣告死亡后又出现的人员，外出经商、务工人员，服刑人员，企业在职人员或离退休人员等。人民法院认定以上人员迁回户籍后是否具有农村集体经济组织成员资格时，主要审查其身份情况和是否享受财政保障供养两个方面。如迁籍人迁回户籍时，其身份属于国家机关、事业单位、国有企业、国有控股企业和参照《中华人民共和国公务员法》管理的群团组织、民主团体正式职工（包括退休、离休），并依法享受在职的财政保障供养、退（离）休或终身供养待遇的，则不能取得集体经济组织成员资格；否则，可以认定取得集体经济组织成员资格。

---

① 张先贵、盛宏伟：《农村集体经济组织成员资格认定标准：底层逻辑与应然表达》，载《安徽师范大学学报》2023 年第 51 卷。

本案原告出生时其父母是某村民小组的集体经济组织成员，原告出生后即原始取得该村民小组的集体经济组织成员资格。原告因上学迁出户口，但在结婚后一直在该集体经济组织生产、生活，其家庭成员均是该村民小组的集体经济组织成员。且原告是经村、组会议研究同意后将户籍迁入村民小组的，之前其并未取得城镇企业职工社会保障。农村土地对原告的基本生活具有保障功能。综上，法院认定原告在将户籍迁入村民小组后就取得该村民小组集体经济组织成员资格，享有该集体经济组织成员同等权益。

编写人：陕西省渭南市中级人民法院　亢俊谦

陕西省合阳县人民法院　刘广学

19

分包人违约情形下承包人可得利益损失的认定、计算标准及比例的划分

——施某华诉杜某才合同案

【案件基本信息】

1. 裁判书字号

浙江省宁波市中级人民法院（2021）浙02民终2094号民事判决书

2. 案由：合同纠纷

3. 当事人

原告（被上诉人）：施某华

被告（上诉人）：杜某才

【基本案情】

2001年9月28日，施某华与经济合作社签订《土地承包协议书》一份，

该协议约定：经济合作社将其坐落于甲地的60亩土地承包给施某华经营，承包年限确定28年，自2002年1月1日起至2031年1月31日止，土地承包费为每年7200元，其中30亩可挖鱼塘（面积可增加），其余面积施某华必须种植一年生作物，不准种植多年生植物，不准转包，如有特殊原因转包，须经经济合作社同意。

2007年11月，施某华将其向经济合作社所承包的60亩土地中的15亩土地（农用地）转租给杜某才，后杜某才在该15亩土地（农用地）上搭建鸭舍（简易棚屋），且种植多年生植物。该15亩地（农用地）由杜某才租用至2012年12月底。另该租金一年一付，由杜某才支付给施某华，租金为每亩每年600元，付至2010年10月底。

2011年4月18日，经济合作社向施某华送达通知书：因施某华违反协议约定在其承包的土地上建房15.3亩，且种植多年生植物，改变了用地性质，经济合作社决定终止承包协议书，并要求施某华自收到通知书之日起，三个月内对60亩土地予以复耕。

2011年7月26日，经济合作社向浙江省余姚市人民法院起诉施某华，请求判令解除与施某华之间签订的协议，并判令施某华腾让返还土地。嗣后，浙江省余姚市人民法院判决支持经济合作社的诉讼请求。

【案件焦点】

1. 施某华所承包的60亩土地的可得利益损失的计算标准；2. 案涉双方对施某华可得利益损失的责任比例划分。

【法院裁判要旨】

浙江省宁波市海曙区人民法院经审理认为：施某华与杜某才之间以口头形式订立的农用地租用合同依法成立并有效，双方当事人均应受该合同的约束。在案涉合同的履行过程中，双方当事人应遵循诚实信用原则，且按照租用物的性质依法合理使用该租用物。杜某才明知向施某华租用的该15亩土地为农用地，但未能按租用的土地性质依法合理使用，且破坏耕地，其行为为违约行为。

对此，应依法承担违约责任。施某华因杜某才的违约行为所产生的损失的计算标准酌情确定为每亩每年700元，计算期间为2011年4月19日至2031年1月31日，为19.79年，故杜某才应承担的违约责任为租金损失175735.20元。关于施某华与案外人经济合作社土地承包合同解除后45亩土地租金的损失，因该部分损失并非双方当事人违约造成，结合本案已查明的事实，依照诚实信用原则和公平原则，酌情确定该损失由双方当事人均等分担，由杜某才分担192074.40元。综上，对施某华的诉讼请求中合理部分依法予以支持。

浙江省宁波市海曙区人民法院依据《中华人民共和国合同法》第五条、第六条、第八条、第十条、第六十条第一款、第一百零七条、第一百一十三条第一款，《中华人民共和国民法通则》第一百三十五条、第一百三十七条，《最高人民法院关于审理民事案件适用诉讼时效制度若干问题的规定》第十三条第九项，《中华人民共和国民事诉讼法》第六十四条第一款、第三款，《最高人民法院关于适用〈中华人民共和国民事诉讼法〉的解释》第九十条规定，判决如下：

一、杜某才赔偿施某华损失175735.20元；

二、杜某才分担施某华损失192074.40元；

三、驳回施某华的其他诉讼请求。

杜某才不服判决，提出上诉。浙江省宁波市中级人民法院依照《中华人民共和国民事诉讼法》第一百七十条第一款第一项规定，判决如下：

驳回上诉，维持原判。

【法官后语】

本案的核心问题是分包人违约的情形下承包人可得利益损失的认定、计算标准及比例的划分。

1. 可得利益损失的认定。

合同可得利益指在合同履行后，依事物通常发展之规律，或依特殊情况，特别是有一定准备材料时，债权人利用该履行之结果进行生产、经营可以获得的会计利润。违约可得利益损失，其本质在于合同法意义上之机会成本的“无获利性”支出，即违约导致现有财产的本次增值机会丧失。可得利益损失属于损失赔偿的范畴，而赔偿损失的确定遵循损失填补原则。《最高人民法院关于当前形势下审理民商事合同纠纷案件若干问题的指导意见》第九条规定：可得利益损失主要分为生产利润损失、经营利润损失和转售利润损失等类型。本案中，施某华与经济合作社签订的协议约定案涉的60亩土地不得转租，但施某华将案涉的15亩土地（农用地）转租给杜某才，而施某华与杜某才对案涉土地不能转租的约定均明知，且在案涉15亩土地（农用地）转租后，杜某才没有按约履行协议，最终导致案外人经济合作社要求解除前述协议，协议解除后，施某华已返还案涉其承包的60亩土地，实际上造成了施某华产生了可得利益损失，该损失系施某华的经营利润损失。

2. 可得利益损失的计算标准及比例划分。

可得利益区别于违约金，可得利益损失属于因违约所造成的损失，既要根据合同约定的计算方式确定可得利益损失，也要根据法律的规定调整可得利益损失的赔偿金额，对于未约定的，则需法官充分行使自由裁量权，综合案情进行确定。

审判实践中可得利益损失计算主要有三种方法：（1）约定计算法。该方法主要根据合同中对可得利益赔偿的计算方式或者数额的明确约定计算可得利益损失金额。（2）收益对比法。该方法主要根据非违约方自身经营状况或者同类主体经营状况相同条件下获得利益来计算可得利益损失金额。（3）自由裁量法。该方法主要在适用约定计算法、类比计算法无法确定损失金额时，由法院根据案情酌定计算可得利益损失金额。前述方法的使用，需依顺序使用，在尊重当事人意思自治的基础上，规范合理计算可得利益损失，亦可防止法官恣意行使自由裁量权造成当事人权益的侵害。

本案中双方未签书面协议，亦未对可得利益损失进行明确约定，故本案主要采用了收益对比法对可得利益损失的金额进行确定，可得利益损失计算及比例的划分主要从以下三方面进行考量：

一是起止节点。本案中，施某华与经济合作社约定的合同履行的期间为

2002年1月1日至2031年1月31日，根据该协议可得利益的终止时间为2031年1月31日应为明确的，对于起止时间，对于其中15亩土地的可得利益损失的起算时间，本院从经济合作社向施某华送达成功通知书的次日起算，自2011年4月19日至2031年1月31日为19.79年。对于另45亩土地实际归还案外人经济合作社的时间为2016年8月，自2016年9月1日起至2031年1月31日期间为14.42年。合理确定可得利益损失的起止点，能够确保从实体公正与程序公正方面兼顾承包人的可得利益损失的弥补。

二是计算标准。《中华人民共和国民法典》第五百八十四条规定："当事人一方不履行合同义务或者履行合同义务不符合约定，造成对方损失的，损失赔偿额应当相当于因违约所造成的损失，包括合同履行后可以获得的利益；但是，不得超过违约一方订立合同时预见到或者应当预见到的因违约可能造成的损失。"该规定是守约方向违约方主张预期可得利益损失的法律依据，也不允许守约方因违约方的违约而受益的公平正义的法律原则。杜某才在2011年11月15日浙江省余姚市人民法院的调查笔录中陈述当时的土地租金为每亩每年600元至700元，该价格不高于当地的土地租金。另结合杜某才在诉讼过程中提供的证据反映2013年时甲地土地租赁费每亩每年700元的事实。对此，法院酌定以杜某才自认的当时土地租金为每亩每年700元为计算标准，既考量了案涉双方租金的金额每亩每年600元的约定，又考量了杜某才自认的市场租金每亩每年700元的标准。结合施某华2011年支付的60亩土地的年租金为6480元，施某华实际支付土地租金为每亩每年108元，故施某华可得利益损失的计算标准中应扣除其成本，即以施某华每亩每年可得利益损失为592元为计算标准。本案对承包人可得利益损失的计算标准进行确定时，通过就高不就低原则的适用，不超过违约方杜某才订立合同时预见到或者可以预见到的因违约可能造成的损失，符合公平的原则，亦不超出当事人的合理期待。

三是比例划分。杜某才没有按照约定履行协议，是导致案外人经济合作社解除合同的直接原因，也是造成施某华可得利益损失的直接原因，故杜某才应对施某华所承包的15亩土地的可得利益损失承担完全赔偿责任。对另45亩土地的可得利益损失，施某华与杜某才对案涉土地不能转租的约定均明知，故法院根据诚实信用和公平原则，酌定施某华与杜某才按照5∶5的比例对该损失分担责任，最大程度上平衡了双方当事人的利益。

编写人：浙江省宁波市海曙区人民法院　刘勇

20

集体土地转为国有土地后地上房屋买卖合同的效力认定

——樊甲等诉孔某某确认合同无效案

【案件基本信息】

1. 裁判书字号

云南省昆明市中级人民法院（2021）云01民终4300号民事判决书

2. 案由：确认合同无效纠纷

3. 当事人

原告（上诉人）：樊甲、樊乙、樊丙、樊丁、樊戊、樊己

被告（上诉人）：孔某某

第三人：某街道办事处、某居委会、房屋拆迁公司

【基本案情】

樊甲、樊乙、樊丙、樊丁、樊戊、樊己系樊某某与张某某的婚生子女。张某某、樊某某先后于1998年、2017年去世，樊某某在张某某去世后未再婚。2000年4月26日，某街道办事处对樊某某的房屋进行产权登记，房屋所有权人为樊某某、产别为私有，土地权属为集体，用途为住宅。2005年2月6日，昆明市人民政府为樊某某颁发国有土地使用权证，载明土地使用权人为樊某某、坐落在某街道办事处某村一社、地类（用途）住宅、使用权类型为批准拨用宅

基地，使用权面积为78.49平方米。

2005年12月5日，孔某某（买方、乙方）与樊某某（卖方、甲方）签订《房产买卖合同》约定：甲方自愿将坐落在某街道办事处某村一社的房产出售给乙方，房产交易价格为576000元，并约定付款事项等。该房屋买卖合同经公证处公证。至2008年10月12日，孔某某向樊某某支付了全部购房款。孔某某接手后对房屋进行了加盖。之后，樊甲、樊乙、樊丙、樊丁、樊戊、樊己提起本案之诉。2020年4月21日，房屋拆迁公司（甲方）与孔某某（乙方）签订《房屋拆迁安置补偿协议书》。昆明市西山区人民政府某街道办事处、某居委会在补偿协议书中作为主管单位进行了签章。2020年3月6日，某居委会某村第一居民小组出具证明证实孔某某不属于该小组集体经济组织成员。2020年12月8日，孔某某与第三人确认孔某某已收到相应拆迁补偿金。孔某某陈述回迁安置房的差价还未向开发商交纳且回迁安置房还未交房。

【案件焦点】

集体土地转为国有土地后，地上房屋交易是否仍受制于原宅基地性质而属无效。

【法院裁判要旨】

云南省昆明市西山区人民法院经审理认为：樊某某与孔某某签订《房屋买卖合同》虽属自愿，但根据“地随房走”原则，农村房屋买卖必然涉及宅基地转让。案涉房屋的宅基地虽属于国家所有土地，但使用权类型为批准拨用宅基地，而宅基地使用权是农村集体经济组织成员享有的权利，与享有者特定的身份相联系，非本集体经济组织成员无权取得或变相取得。被告孔某某并不具备本案房屋及宅基地所在集体的集体经济组织成员身份，截至本案法庭辩论终结前，被告孔某某亦非该村集体经济组织成员，故樊某某与孔某某签订的《房产买卖合同》违反法律、行政法规的强制性规定，当属无效。

孔某某对涉案房屋进行了添附，但涉案房屋拆迁安置补偿并没有按照房屋添附前后区别进行，故房屋添附前后的拆迁利益无法做出区分，且考虑到其中樊某某作为涉案房屋的出卖人，对涉案合同无效承担较大责任，法院酌情确认樊某某和孔某某应依照一定比例就涉案房屋获得的拆迁利益进行分配，樊某某享有70%，孔某某享有30%。本案六原告作为樊某某的合法继承人，依法享有向被告请求分配拆迁利益的权利。以此对涉案房屋拆迁补偿金进行分割。因涉案回迁安置房还未交付，在本案中无法进行价值评估，故本案中对涉案回迁安置房暂时不予处理。至于原告方诉请的被告房屋占用期间的收益，于法无据，不予支持。

云南省昆明市西山区人民法院判决如下：

一、确认樊某某与被告孔某某于2005年12月5日签订的《房产买卖合同》无效；

二、由被告孔某某于本判决生效之日起七日内向原告樊甲、樊乙、樊丙、樊丁、樊戊、樊己返还拆迁安置补偿金人民币490020.66元；

三、驳回原告樊甲、樊乙、樊丙、樊丁、樊戊、樊己对被告孔某某的其他诉讼请求。

樊甲、樊乙、樊丙、樊丁、樊戊、樊己与孔某某均不服一审判决，提起上诉。云南省昆明市中级人民法院经审理认为：民事主体从事民事活动，不得违反法律，不得违背公序良俗，应当遵循诚信原则，秉持诚实，恪守承诺。依法成立的合同自合同成立时生效，当事人应当按照约定全面履行自己的义务。首先，孔某某与樊某某签订的《房产买卖合同》系双方在平等自愿的基础上签订，系双方真实意思表示，该合同经公证，孔某某支付了购房款576000元并实际取得该房屋，可见，孔某某作为购房人在签订该合同时是善意的并支付合理对价且已实际取得该房产，故樊甲、樊乙、樊丙、樊丁、樊戊、樊己主张父亲樊某某系无权处分房产应属无效的理由不能成立，不予采信。其次，涉案房产所占用的土地于2005年2月6日即在涉案《房产买卖合同》签订之前已取得昆明市人民政府颁发的国有土地使用权证，故该土地的性质已转为国有土地而非集体土地，而使用权类型注明为批准拨用宅基地，证明该土地是用于住宅使用。但鉴于该土地性质已发生根本性变化，即已由集体土地转变为国有土地，已不存在集体经济组织权益或社会公共利益受损的结果，故樊甲、樊乙、樊丙、樊丁、樊戊、樊己主张房屋所占土地为集体土地的宅基地、依法禁止向村集体经济组织以外的人流转从而合同无效的情形已然消灭，该《房产买卖合同》不违反法律法规的禁止性规定，应属有效，一审判决对此认定有误，二审依法予以纠正。因该《房产买卖合同》有效，现该房产因拆迁安置而产生的利益应归孔某某所有，一审判决基于对合同效力认定错误，对该利益分配亦属错误，二审依法予以纠正。孔某某的上诉请求有事实及法律依据，二审予以支持。最后，需要特别说明的是，樊甲、樊乙、樊丙、樊丁、樊戊、樊己作为父亲樊某某的法定继承人，应当在遵守基本的诚实信用原则以及我国现行的社会主义核心价值观的基础上，合理合法主张民事权利。

云南省昆明市中级人民法院依照《最高人民法院关于适用〈中华人民共和国民法典〉时间效力的若干规定》第一条，《中华人民共和国民法典》第七条、第八条、第十条、第三百一十一条、第五百零九条，《中华人民共和国民事诉讼法》第一百七十条第一款第二项规定，判决如下：

一、撤销云南省昆明市西山区人民法院民事判决；

二、驳回上诉人樊甲、樊乙、樊丙、樊丁、樊戊、樊己的全部诉讼请求。

【法官后语】

为确保农民基本居住条件不因土地流入市场而丧失，我国法律一直禁止农村集体经济组织成员向非该集体经济组织成员转让宅基地及地上房屋。就现行法层面而言，宅基地及地上房屋仍只允许在本农村集体经济组织内部流转，向本村集体经济组织外的个人转让的行为无效。本案中，房屋出卖人即依此主张涉案房屋买卖合同无效。而与一般的农村宅基地及地上房屋交易无效情形不同的是，本案双方意欲交易时，涉案土地已经转为国有土地。在此情形下，双方对地上房屋进行交易的行为是否仍属无效？现结合《中华人民共和国土地管理法》相关规定，从交易主体的身份、交易标的物的性质着手，探讨农民转为居民、集体土地转为国有土地后，相关房屋交易行为是否仍因原农民身份、集体土地性质而属无效。

1. “村改居”后发生的相关房屋买卖，不违反法律、行政法规关于宅基地及地上房屋买卖的禁止性规定。

民事法律行为有效的要件为：行为人具备相应的民事行为能力；意思表示真实；不违反法律、行政法规的强制性规定，不违背公序良俗。合同作为民事法律行为的一种，当然亦须满足以上要件，在合同关系中，双方意思表示一致，合同即告成立，若无法律规定的除外情形，合同成立即生效。故评判房屋买卖合同的效力，除行为人须具备相应的民事行为能力、意思表示真实外，还要看双方该交易行为是否违反法律、行政法规的强制性规定，是否违背公序良俗。具体到本案，要看卖方是否是向本农村集体经济组织外的个人转让其宅基地及地上房屋，即要看交易行为发生之时，卖方是否是农民身份、所欲交易的房屋是否是本村集体宅基地上的房屋。本案的房产在交易时，房屋是登记在卖方名下的私有房屋，土地使用权是登记在卖方名下的国有土地使用权，买卖合同公证书也显示卖方当地已转为居民小组，而非村集体，故可能影响本案房产交易效力的因素在双方交易时已经消灭，因“法不禁止即自由”，双方合同成立并生效。在合同合法有效的情况下，卖方欲通过适用合同无效制度毁约既违反诚实信用原则，也违背合同严守精神，当然不能成立。

2. “村改居”后发生的相关房屋买卖，不符合宅基地上房屋买卖的特征。

本案发生于“村改居”的政策背景下，卖方的身份从原农村居民转变为城镇居民、原村集体的宅基地也转为国有土地性质，此时允许地上房屋进行市场交易，不仅不违反法律效力性强制性规定，也符合《中华人民共和国土地管理法》的相关规定。通说认为，我国宅基地制度兼具三项权能，即所有权、资格权、使用权，其中所有权属于村集体，资格权属于本村农户，宅基地使用权限定为该农户享有。对照农村宅基地这三项权能，本案涉案土地系国家所有、并非村集体所有，卖方已转为居民、丧失了农民身份，自然也不能再基于农户身份享有针对农户的宅基地使用权，故而，在所有权、资格权、使用权均不符合农村宅基地特征的情况下，本案不能再适用农村宅基地的相关法律规定处理，当然也不因此导致交易无效。涉案房屋也非经济适用住房等交易受限的房屋，在合同亦无其他效力瑕疵的情况下，应尊重民事主体意思自治，合同成立并生效。需要说明的是，若出卖人所属集体经济组织已非农村集体经济组织、集体土地性质已转为国有土地，就相关地上房屋交易行为效力认定，自然不必再讨论买受人是否为该集体组织成员的问题。

3. “村改居”后发生的相关房屋买卖效力认定，应维护社会实质公平正义。

农村宅基地，系农民以本村集体成员身份无偿占有本集体土地用以建房的土地。“村改居”后，农民身份发生了转变，土地性质也转为国有，允许相关房产交易有利于社会的实质公平正义。《中共中央 国务院关于实施乡村振兴战略的意见》要求“将进城落户农业转移人口全部纳入城镇住房保障体系”。《中华人民共和国土地管理法》第六十二条第六款也规定“国家允许进城落户的农村村民依法自愿有偿退出宅基地，鼓励农村集体经济组织及其成员盘活利用闲置宅基地和闲置住宅”。故这部分“新居民”的住房条件应由城镇住房保障体系予以保证，国家鼓励其自愿有偿退出原有村集体宅基地，限于禁止违法违规买卖宅基地的规定，其退出宅基地的流转对象只能是本村集体或本集体成员；而在整体“村改居”的情况下，原有村集体已整体连片转为城镇街道办事处、居民委员会或居民小组，再要求这些“新居民”将其“原宅基地”有偿退出给村集体缺乏现实基础。故在卖方已享受城镇住房保障的情况下，允许其将已经转为国有土地的地上房屋进行市场交易，有利于其盘活资产、经济利用，同时也保护了交易相对方的信赖利益，避免卖方滥用土地原集体性质主张合同无效、破坏市场交易秩序。否则，必然造成这部分“新居民”既享有城镇住房保障，又在国有土地上继续无偿享有专属的宅基地使用权，有悖于社会公平。故而，应依据一般房屋买卖合同的效力认定规则认定“村改居”后发生的相关房屋交易行为的效力。

编写人：云南省昆明市中级人民法院 王思予 仝倩华

21

擅自在耕地上取土导致协议无效的法律后果

——王某诉张甲等承揽合同案

【案件基本信息】

1. 裁判书字号

江苏省高邮市人民法院（2022）苏 1084 民初 4132 号民事判决书

2. 案由：承揽合同纠纷

3. 当事人

原告：王某

被告：张甲、张乙、张丙、张丁、张戊

【基本案情】

张甲、张乙、张丙、张丁、张戊（以下统称张甲等）因清理鱼塘圩梗需要挖土，王某为取土卖钱，2021 年 11 月 22 日，张甲等（甲方）与原告王某（乙方）签订《协议书》，约定：一、乙方无偿为甲方把某鱼塘圩梗土方运走。二、乙方在运土时出现任何纠纷及法律责任事宜，由甲方自行解决与乙方无关。三、由于无法取土时所产生的所有误工费由甲方承担。附：清淤每户另加 4500 元。后王某在取土过程中，因被人投诉而停工。王某认为其为挖土支付各项费用，包括租赁钢板铺路、雇用挖机等，因未能继续取土产生损失，故要求张甲等承担该部分损失计 53675 元。

【案件焦点】

1. 原、被告双方签订的《协议书》法律效力如何；2. 因取土不成致原告产生的损失如何分担。

【法院裁判要旨】

江苏省高邮市人民法院经审理认为：国家保护耕地，禁止擅自在耕地上取土。原告与五被告签订的《协议书》因违反法律的强制性规定，协议无效，对此，原、被告双方均有过错，应当各自承担相应的责任。原告主张其为取土支付挖机、运土车、租赁钢板等费用，现因取土不成造成损失计53675元，为此原告提供钢板租赁协议、收款明细等证明为租赁及运输钢板支出7275元，被告质证后认可原告铺设钢板的事实，本院对原告使用钢板支出的费用7275元依法予以确认；对原告主张的其他损失因未提供证据，依法不予支持。原、被告双方明知取土行为不利于耕地保护，不能在耕地上取土，为了各自的私利签订协议，对原告的损失双方都有过错，综合本案情况，本院酌情确定五被告对原告的损失各承担1000元，其余部分由原告自行承担。

江苏省高邮市人民法院依照《中华人民共和国民法典》第一百五十三条、第一百五十七条，《中华人民共和国土地管理法》第三十七条，《中华人民共和国民事诉讼法》第六十七条第一款、第一百四十七条之规定，判决如下：

一、张甲、张乙、张丙、张丁、张戊应分别于本判决生效后十日内赔偿王某人民币1000元；

二、驳回王某的其他诉讼请求。

判决后，双方当事人均未上诉，本判决现已生效。

【法官后语】

本案是一起保护耕地的典型案例。国家保护耕地，禁止擅自在耕地上取土。擅自取土的行为，会严重破坏耕地资源，影响生态环境，侵害集体利益，因此属于违法行为。《中华人民共和国土地管理法》明确规定，禁止占用耕地建窑、建坟或者擅自在耕地上建房、挖砂、采石、采矿、取土等。有上述违法行为的，由县级以上人民政府自然资源主管部门、农业农村主管部门等按照职责责令限期改正或治理，可以并处罚款；构成犯罪的，依法追究刑事责任。

关于本案《协议书》的效力，《中华人民共和国民法典》第一百五十三条、第一百五十四条规定，违反法律、行政法规的强制性规定的民事法律行为以及恶意串通、损害他人合法权益的民事法律行为均无效。本案中的原、被告为了各自私利，相互串通，置耕地保护于不顾，擅自将耕地上的土挖走贩卖，违反了土地管理法的强制性规定，损害了集体利益，因此双方之间的约定是无效的。

关于民事法律行为无效的法律后果，《中华人民共和国民法典》第一百五十七条规定，行为人因该行为取得的财产，应当予以返还，不能返还或者没有必要返还的，应当折价补偿。有过错的一方应当赔偿对方由此所受到的损失；各方都有过错的，应当各自承担相应的责任。本案中，双方均明知耕地上的土壤不可挖走售卖，应就地填埋，但为了各自私利签订协议，双方均有过错。对于原告因取土不成投入的成本损失，本院综合当事人过错程度，酌情予以分摊，虽然各被告承担损失的金额不多，但根本目的在于通过判决传达人民法院对于保护耕地的鲜明态度，在于让当事人充分认识到错误行为，并予以纠正。

为提高农民对耕地的保护意识，加大相关部门对耕地保护的监管力度，本院专门制发司法建议，向相关村组、乡镇以及职能部门披露案情并提出建议，各单位接到司法建议后对相关当事人提出批评教育，并就加强耕地保护作出更加明确、具体的工作部署，更加重视并完善耕地保护措施。

编写人：江苏省高邮市人民法院　赵广才

22

以承包方式获得土地经营权的受让方口头转包行为的效力认定

——徐某诉陈某、尹某农业承包合同案

【案件基本信息】

1. 裁判书字号

江苏省宝应县人民法院（2020）苏1023民初5714号民事判决书

2. 案由：农业承包合同纠纷

3. 当事人

原告：徐某

被告：陈某、尹某

第三人：某村委会

【基本案情】

2009年3月7日，某村委会与王某签订合同，将310亩塘口发包给王某从事种植业，王某每年缴纳57180元。3月23日，某村委会与王某、徐某签订《协议补充说明》，约定徐某为实际履行合同的权利义务承受人。

2011年，徐某将310亩塘口转包给许某，约定年租金170000元。许某未实际种植，直接转包给陈某，约定年租金201500元。2017年，因经营亏本，许某未继续转包，陈某直接与徐某形成口头转包协议，约定年租金170000元。同年1月，陈某将涉案塘口转包给尹某，约定年租金201500元。

2011年至2021年，徐某向某村委会缴纳土地承包金，其中2019年、2020年的承包费69750元由尹某代缴。2020年1月13日，陈某、尹某否认与徐某存

在口头转包协议，徐某索要剩余土地承包金未果，引起本诉。

【案件焦点】

徐某与陈某之间有无关于310亩塘口口头转包合同以及该塘口转包合同的效力，即徐某要求陈某、尹某支付承包费260500元是否有事实和法律依据。

【法院裁判要旨】

江苏省宝应县人民法院经审理认为：关于徐某与陈某之间是否存在关于310亩塘口口头转包合同，虽然双方没有书面协议，但结合以下五点，可见二人之间存在关于310亩塘口口头转包合同。第一，2017年1月20日，陈某与尹某签订协议书，从该份协议书可见尹某实际承包的310亩塘口来源于陈某的转包，而且该协议约定的承包面积和地址“310亩，四址按原定承包合同四址为准”与徐某与某村委会签订的承包合同一致。第二，结合徐某的陈述以及银行转账流水，2017年1月20日陈某银行转账给徐某90000元，支付2017年承包费。2018年1月16日陈某银行转账给徐某125000元，支付2018年承包费。可见双方之间有履行承包合同的行为。第三，除了2019年、2020年的承包费69750元由尹某向某村委会实际缴纳外，某村委会一直收取由徐某缴纳的310亩塘口的上交款，可见塘口承包合同的实际履行人是徐某。第四，徐某本人于2020年7月10日在本院谈话笔录中陈述塘口转包给许某，许某承包给陈某。陈某向本院提交的协议书复印件和庭审陈述均表明，塘口从许某处转租。第五，许某本人到法院核实，其承包徐某涉案塘口后，未实际种植，直接转包给陈某，双方签订有协议，协议承包期间6年。6年到期后，其未再转包给陈某。陈某后期的承包是陈某与徐某两人直接沟通的，与许某无关。许某也没有收过陈某所谓的后五年（2017—2021年）支付的28万元，也没有让陈某两次转钱给徐某。可见徐某与陈某之间存在关于310亩塘口口头转包合同。该口头协议未发现有违法行为，应当认定有效。

故徐某要求陈某支付塘口承包费用260500元的主张有事实和法律依据，本院予以支持。

江苏省宝应县人民法院依照《中华人民共和国民法总则》第一百七十八条，《中华人民共和国合同法》第八条、第三十六条，《中华人民共和国农村土地承包法》第三条、第十条、第十三条、第三十七条、第四十八条、第四十九条、第五十三条、第五十九条，《中华人民共和国民事诉讼法》第六十四条，《最高人民法院关于适用〈中华人民共和国民事诉讼法〉的解释》第一百零八条之规定，判决如下：

一、陈某于本判决生效之日起十日内向徐某支付涉案塘口承包费260500元；

二、驳回徐某的其他诉讼请求。

判决后，双方当事人均未上诉，本判决现已生效。

【法官后语】

我国农村土地“三权”分置制度以权利派生为逻辑体系，即在农村土地集体所有权的基础上，设立农村土地承包经营权，再在此基础上设立农村土地经营权，构成“三权”分置的农村土地权利结构，即农村土地集体所有权→农村土地承包经营权→农村土地经营权。当前国家主要实行农村土地承包经营制度，土地经营权的有序流转成为影响我国土地制度至关重要的一环。农村土地承包采取农村集体经济组织内部的家庭承包方式，不宜采取家庭承包方式的荒山、荒沟、荒丘、荒滩等农村土地，可以采取招标、拍卖、公开协商等方式承包。以其他方式承包农村土地的，应当签订承包合同，承包方取得土地经营权。

以承包方式获得土地经营权的个人有权在合同约定的期限内占有农村土地，自主开展农业生产经营并取得收益。根据《农村土地经营权流转管理办法》第十七条“承包方流转土地经营权，应当与受让方在协商一致的基础上签订书面流转合同，并向发包方备案。承包方将土地交由他人代耕不超过一年的，可以不签订书面合同”的规定，承包人若需再流转土地经营权，须经承包方书面同意，并向本集体经济组织备案。本案中，双方当事人因口头约定转让土地经营权而产生纠纷。

《中华人民共和国农村土地承包法》（以下简称《农村土地承包法》）第

四十条第一款规定："土地经营权流转，当事人双方应当签订书面流转合同。"实践中，为方便流转，部分土地经营权以口头约定的形式将土地转包给其他人。一般认为，《农村土地承包法》第四十条第一款的规定属于管理性规范，其立法目的是鼓励、引导当事人订立书面合同以防范纠纷，不属于流转合同生效的要件。

本案中，对于口头转包合同效力认定问题，《农村土地承包法》第五十三条规定："通过招标、拍卖、公开协商等方式承包农村土地，经依法登记取得权属证书的，可以依法采取出租、入股、抵押或者其他方式流转土地经营权。"该条应理解为管理性规定，并非强制性规定。理由如下：首先，以其他方式承包的土地系采用市场化的原则承包和流转的，如果仅因为在流转过程中没有登记取得权属证书，容易造成权属的混乱和流转市场交易成本过高，而判定土地经营权再转让行为无效，失之偏颇。其次，根据《农村土地承包法》第四十九条"以其他方式承包农村土地的，应当签订承包合同，承包方取得土地经营权"的规定，其他方式承包土地的，自承包合同成立生效时取得土地经营权，这与家庭承包方式下取得土地经营权的方式是一致的，而非办理登记才取得土地经营权。土地经营权登记效力仅为对抗善意第三人效力。再次，从土地经营权产生的角度来说，土地经营权人获得的土地经营权，是一种用益物权。《中华人民共和国民法典》第三百二十三条规定，用益物权人依法享有占有、使用和收益的权利。其自当可以自由转让，不受限制。最后，从两种承包方式下土地经营权再转让的效力来看，家庭承包方式下的土地经营权转让后再转让，也仅满足《农村土地承包法》第四十六条"经承包方书面同意，并向本集体经济组织备案"即可，受让方可以再流转土地经营权，这里并未限制再流转的方式。举重以明轻，家庭承包方式下的土地都允许自由流转，而"四荒"地不允许自由流转，显然不符合公平原则。因此，对于其他承包方式项下土地经营权人再流转，不因未办理取得权属证书而认定无效。故本案中，对于徐某与陈某之间口头转包合同效力应当认定为有效。

编写人：江苏省宝应县人民法院　童志高　毕华艳

23

宅基地上房屋转让协议无效不当然导致行政机关与买受方签订的拆迁补偿协议无效

——刘某山诉某镇人民政府确认拆迁补偿协议无效案

【案件基本信息】

1. 裁判书字号

江苏省扬州市中级人民法院（2021）苏10行终218号行政判决书

2. 案由：确认拆迁补偿协议无效

3. 当事人

原告（被上诉人）：刘某山

被告（上诉人）：某镇人民政府

第三人（被上诉人）：刘某连、陈某菊、陈某琴

【基本案情】

原告刘某山与第三人陈某琴于1981年结婚，双方拥有房屋一处，登记所有权人为刘某山。2009年6月1日，刘某山、陈某琴（甲方）与第三人刘某连、陈某菊（乙方）签订《协议书》，约定将案涉房屋转让给刘某连、陈某菊，并约定案涉房屋如遇拆迁由乙方享有拆迁利益等。协议签订后，刘某连、陈某菊向陈某琴支付了部分购房款，后入住使用案涉房屋。2014年8月12日，刘某山与陈某琴离婚，离婚协议中约定双方对案涉房屋各享有一半财产权利。

因案涉房屋在某改造项目规划红线范围内，2017年11月18日，某镇人民政府作为房屋拆迁实施单位与刘某连签订拆迁补偿协议。11月20日，某镇人民政府拆除案涉房屋。刘某山于2019年1月31日以某镇人民政府为被告提起

行政诉讼，请求确认某镇人民政府拆除其房屋行为违法并要求恢复原状，江苏省扬州市江都区人民法院于2019年5月17日作出行政裁定书，认为某镇人民政府对刘某山已经出售并交付给刘某连、陈某菊的房屋实施拆除，该拆除行为并未侵害刘某山的合法权益，刘某山不具有法律上的利害关系，故裁定驳回刘某山的起诉。刘某山不服该裁定，提起上诉，江苏省扬州市中级人民法院于2019年12月27日作出行政裁定书，裁定驳回上诉，维持原裁定。

2020年1月8日，刘某山以陈某琴、刘某连、陈某菊为被告提起民事诉讼，要求确认《协议书》无效，江苏省扬州市广陵区人民法院于2020年11月2日作出民事判决书，判决确认《协议书》无效。刘某山不服该判决，提起上诉，江苏省扬州市中级人民法院于2021年3月24日作出民事裁定书，裁定驳回上诉，维持原判。2020年7月16日，刘某山向江苏省扬州市江都区人民法院提起行政诉讼，请求确认某镇人民政府与刘某连签订的案涉拆迁补偿协议无效。

【案件焦点】

某镇人民政府与刘某连签订的案涉拆迁补偿协议效力如何认定。

【法院裁判要旨】

江苏省扬州市江都区人民法院经审理认为：鉴于《协议书》已经被生效的民事判决确认无效，某镇人民政府基于《协议书》与刘某连签订的案涉拆迁补偿协议缺乏合法的前提基础，亦应归于无效。

江苏省扬州市江都区人民法院依照《中华人民共和国行政诉讼法》第七十五条规定，判决如下：

确认2017年11月18日某镇人民政府与刘某连签订的案涉拆迁补偿协议无效。

某镇人民政府不服一审判决，提起上诉。江苏省扬州市中级人民法院经审理认为：一方面，某镇人民政府具有与刘某连签订案涉拆迁补偿协议的职权，且依照《中华人民共和国土地管理法》第四十七条规定，与拟征收土地的所有权人、使用权人就补偿、安置等事项签订协议，并不以征收土地获得批准作为前置条件，因此案涉拆迁补偿协议并不存在行政法上“重大且明显违法”的无效情形。另一方面，关于集体经济组织成员将本户宅基地上的房屋转让给非本集体经济组织成员的合同效力问题，应根据《中华人民共和国合同法》第五十二条的规定认定相关房屋买卖合同无效。但此类房屋买卖合同被判决确认无效并不当然产生返还原物的效果，而应基于诚实信用原则，根据当事人之间的过错大小，合理平衡各方利益。本案中，首先，某镇人民政府并不具有确认《协议书》效力的法定职权且案涉拆迁补偿协议签订时并无生效法律文书否定《协议书》的效力；其次，某镇人民政府与刘某连签订拆迁补偿协议系基于刘某连、陈某菊长期占有使用案涉房屋的事实以及《协议书》对拆迁利益的归属作出了约定且推定刘某山知晓并认可对拆迁利益的让渡。在此情况下，若仅因《协议书》被确认无效而否定案涉拆迁补偿协议的效力，无疑是对相关当事人背信毁约行为的纵容和偏袒，明显有违诚实信用原则。

江苏省扬州市中级人民法院依照《中华人民共和国行政诉讼法》第六十九条、第八十九条第一款第二项规定，判决如下：

一、撤销江苏省扬州市江都区人民法院作出的行政判决；

二、驳回刘某山要求确认某镇人民政府与刘某连在2017年11月18日签订的案涉拆迁补偿协议无效的诉讼请求。

【法官后语】

法院对出卖方诉请确认行政机关与买受方签订的拆迁补偿协议无效的案件进行司法审查，可以从拆迁补偿协议效力的司法审查规则、行政机关在签订协议时有无尽到审慎审查义务以及出卖方是否违背诚实信用原则等三个方面进行分析评判。

第一，案涉拆迁补偿协议不属于行政协议无效的情形。拆迁补偿协议本质上仍属一类行政行为，是行政机关履行职责的一种形式，其行政行为属性并不因“协议”这一表现形式而改变，当事人就该类协议效力提起的诉讼属于行政诉讼受案范围，人民法院既要审查行政行为的合法性，又要兼顾协议双方的合意性。概言之，拆迁补偿协议效力的司法审查，既要以《中华人民共和国行政诉讼法》第七十五条的规定为基础，同时也要适用民事法律关于民事法律行为无效的规定，遵循依法行政、诚实信用、意思自治等基本原则，平衡保护协议各方的合法权益。本案中，案涉拆迁补偿协议系某镇人民政府与刘某连在当时拆迁安置政策下自愿签订，内容并不存在行政法律规范规定的重大且明显违法情形，亦不符合民事法律关于民事法律行为无效的情形。

第二，某镇人民政府在签订案涉拆迁补偿协议时尽到了审慎审查义务。在行政审判实践中，如果行政机关根据买受方已居住使用标的房屋多年或者买受方已对标的房屋进行重建扩建等权利外观，确定买受方为拆迁补偿协议的签订相对方并与其实际签订协议的，应当认为行政机关在签订协议时已经尽到了审慎审查义务，肯定其与买受方签订的拆迁补偿协议的效力。本案中，某镇人民政府并无认定《协议书》效力的法定职权，其与刘某连签订案涉拆迁补偿协议，系基于当时尚未被确认无效的《协议书》以及刘某连、陈某菊实际占有使用案涉房屋多年的权利外观，并无不妥。因此，某镇人民政府在其判断与识别能力范围内认可刘某连、陈某菊的被拆迁人身份，与刘某连签订案涉拆迁补偿协议，已然尽到审慎审查义务。

第三，刘某山的行为有违诚实信用原则。针对这类试图通过确认宅基地上房屋买卖合同无效而获益的民事案件，司法实践中通常按照“合同无效按有效处理”的方式，即判决确认合同无效的同时并不在当事人之间设定相互返还的义务，在依法确认合同无效与兼顾诚信原则之间寻求适度平衡。本案中，虽然生效民事判决确认《协议书》无效，但并未判定刘某山与刘某连等人之间互负返还基于《协议书》取得的财产的义务，实质上对《协议书》采取了“合同无效按有效处理”的态度。在《协议书》对拆迁利益归属作出约定的情形下，刘某山诉请确认案涉拆迁补偿协议无效，明显有违诚实信用原则。由于案涉房屋已转化为拆迁利益，刘某山与刘某连等人之间的争议实质上为拆迁利益的归属问题，不属于行政诉讼审查范围。

因此，原房屋买卖协议无效并不当然导致行政机关与买受人签订的房屋拆迁补偿协议无效，在行政机关签订拆迁补偿协议时已然尽到审慎审查义务且协议不存在法定无效情形下，诚实信用原则的适用可以更合理有效地平衡各方的利益。

编写人：江苏省扬州市江都区人民法院 仇兆敏 冀敏

24

因规划调整导致相对人未实际取得土地使用权的，应弥补相对人的信赖利益

——房地产公司诉某市自然资源和规划局土地出让行政补偿案

【案件基本信息】

1. 裁判书字号

安徽省马鞍山市中级人民法院（2021）皖05行终64号行政判决书

2. 案由：土地出让行政补偿纠纷

3. 当事人

原告（被上诉人）：房地产公司

被告（上诉人）：某市自然资源和规划局①

【基本案情】

案涉地块于2004年经省政府批复同意征收。同年，某市发展计划委员会同意房地产公司综合办公楼项目立项。2005年，某市原城市规划局先后作出《建设项目选址意见书》《建设用地规划许可证》，同意房地产公司在该地块上选址

① 2018年3月，第十三届全国人民代表大会第一次会议批准了《国务院机构改革方案》，将国土资源部的职责、住房和城乡建设部的城乡规划管理职责等整合，组建自然资源部。各地政府建立相应的自然资源主管部门。下文不再对此进行提示。

建设办公楼。同年，某市原国土资源局通知启动案涉地块的征收工作。房地产公司负责该地块的具体征收实施，于2005—2010年开展了征收工作，其间支出直接费用5221494.01元。

2006年，某市原国土资源局作出《供地方案》及《建设用地项目呈报说明书》，拟出让给房地产公司案涉地块面积为6640平方米，总价597.6万元，用地年限50年。某市人民政府审核通过该方案及说明。2010年3月、5月，房地产公司收到交地单位及见证单位签字盖章的《土地征迁移交证明书》，办理了土地交接手续。

2010年1月，某市原国土资源局、某市原城市规划局共同作出《关于增加项目建设用地的意见》，将案涉地块规划为教育用地，随后由某市二十二中建设使用。某市原国土资源局口头告知房地产公司停止签订案涉已征地块的《国有土地使用权出让合同》及办理后续的土地权属登记事宜。此后，房地产公司与某市原国土资源局等相关行政职能部门就是否置换新地块及无法置换时如何补偿等事宜进行多年的协调和商谈，但始终未果。

2017年，经某区原土地和房屋征收管理局、房地产公司共同委托，会计师事务所审核确认涉案征地相关直接费用为5221494.01元。

2018年，房地产公司致函某市原国土资源局，请其明确是否供地办证或赔偿经济损失4360.49万元。该局函复因规划调整无法供地，房地产公司的赔偿要求无政策依据。因房地产公司对上述《复函》不服，诉请判令：某市自然资源和规划局补偿其因未取得案涉地块国有建设用地土地使用权所造成的经济损失4360.49万元，并按照年利率24%的标准支付利息。

【案件焦点】

1. 是否应当给予房地产公司适当的经济补偿；2. 如何给予相应经济补偿。

【法院裁判要旨】

安徽省马鞍山市雨山区人民法院经审理认为：房地产公司完成征地拆迁和人员住房安置事务工作且已支付征地相关直接费用5221494.01元，并已取得案涉用地项目《土地征迁移交证明书》，后案涉地块被调整为教育规划用地，以致某市原国土资源局与房地产公司无法签订出让合同及办理相应的土地权属登记。房地产公司为了最终取得案涉所征地块的土地使用权业已投入了大量的人力资源和资金费用，其实际取得案涉已征地块土地使用权已无实质上的困难障碍。自然资源和规划局系政府自然资源主管部门，由市级机构改革合并国土资源局等相关部门而设立，国土资源局作出的相应行政行为所产生的相应法律责任义务依法应由自然资源和规划局承继。故，房地产公司最终未实际取得案涉地块土地使用权的法律责任应由某市自然资源和规划局承担。

根据《中华人民共和国土地管理法》的相关规定，收回国有土地使用权，对土地使用权人应当给予适当补偿。本案房地产公司前期已经付出有关大量人力、资金和支出，最终未取得案涉地块土地使用权是因为政府规划的调整。因此，自然资源和规划局应当赔偿对方房地产公司因其违约所造成的损失，包括合同履行后合同相对方可以获得的利益。经综合考量，以房地产公司所出具《土地估价报告》的评估总地价2592.26万元给予房地产公司经济补偿既契合本案实际，亦符合公平合理理念，也更能增强行政相对人对行政机关行政行为的合理信赖。

安徽省马鞍山市雨山区人民法院依照《中华人民共和国行政诉讼法》第七十三条规定，作出如下判决：

一、某市自然资源和规划局于本判决生效之日起三十日内一次性向房地产公司给付该公司因未取得案涉地块国有建设用地土地使用权所造成的经济损失补偿款2592.26万元整。

二、驳回房地产公司的其他诉讼请求。

某市自然资源和规划局不服一审判决，提起上诉。安徽省马鞍山市中级人民法院经审理认为：

关于某市自然资源和规划局应否承担对房地产公司的行政补偿责任。纵观案涉地块审批、征迁、移交过程，自2004年以来，房地产公司先后取得用地批复、规划许可，通过了供地方案，参与征迁、实际支付征迁费用，办理了土地移交手续。相关行政主管部门对房地产公司作出了审批、许可等授益行政行为，同时也要求房地产公司承担了土地征收等相应义务。因公共利益需要，案涉地块规划变更为教育用地，导致房地产公司在完成土地出让的相关义务后，未能协议取得土地使用权并办理土地权属登记。信赖利益保护原则要求行政机关不得任意撤销、变更、终止对行政相对人作出的授益行政行为，赋予行政相对人对行政机关对其作出的不利变更行为有正当的信赖利益保护请求权。案涉地块的土地出让目的的无法实现，系因公共利益调整规划所致，而非房地产公司之责。人民法院在保障行政机关对社会事务的有效管理的同时，也应保护行政相对人基于对行政机关的合理信赖而取得的合法权益。因此，因规划调整致使房地产公司无法取得案涉地块的国有土地使用权，从而造成该公司的合法权益损失，某市自然资源和规划局应承担行政补偿责任。

关于行政补偿数额的计算。规划部门因公共利益需要调整土地规划，致土地管理机关不能向房地产公司出让土地，该公司就此产生的合法损失应当获得补偿。在损失的认定上，既要充分保护相对人的损失，又要兼顾行政补偿损失弥补性原则。土地价值评估系在已取得国有土地使用权基础上，对土地的综合利用的价值评估，包含取得土地使用权的全部对价及土地升值部分。房地产公司未能取得案涉地块的国有土地使用权，故对其损失范围的认定，应以取得土地使用权前，其发生的实际支出为基础。房地产公司在一审中提交的案例，系政府对已取得国有土地使用权的相对人进行土地回收的案件，与本案情形不同，不宜参照处理。关于房地产公司的补偿数额，应以该公司在土地报批、征迁阶段的经济投入等为基础进行公平合理的考量。鉴于双方均认可房地产公司涉案征地相关直接费用为5221494.01元，基于维护国家、社会公共利益同时充分保护企业合法权益的角度，本院酌定参照原《最高人民法院关于审理民间借贷案件适用法律若干问题的规定》第二十六条规定人民法院支持年利率24%，以及第二十五条关于人民法院支持“一年期贷款市场报价利率四倍”的规定，某市自然资源和规划局在返还房地产公司5221494.01元直接费用的同时，以5221494.01元为基数，自行政机关向房地产公司移交案涉土地的次日即2010

年6月8日起算，自2010年6月8日至2019年8月19日按照年利率24%计算补偿利息，自2019年8月20日起至实际履行之日止按同期全国银行间同业拆借中心公布的贷款市场报价利率的四倍计算补偿利息。综上，某市自然资源和规划局的上诉理由部分成立，一审适用法律有误，依法予以纠正。

安徽省马鞍山市中级人民法院依照《中华人民共和国行政诉讼法》第八十九条第一款第二项规定，判决如下：

一、撤销安徽省马鞍山市雨山区人民法院判决第一项；

二、某市自然资源和规划局于本判决生效之日起三十日内一次性向房地产公司支付补偿款5221494.01元及利息；

三、维持一审判决第二项，即驳回房地产公司的其他诉讼请求。

【法官后语】

行政相对人对行政权力正当合理的信赖应当受到保护，行政机关不得擅自改变已生效的行政行为。如果确需改变行政行为而由此给行政相对人造成损失的应给予补偿。该原则的确立对妥善处理公共利益与个人利益的关系，以及创建诚信政府、责任政府具有重要的意义。因公共事务管理、公共利益需要，政府若无法践行允诺，对行政相对人造成的损失应予充分补偿。本案涉及信赖利益保护原则在行政补偿中的运用问题，其裁判从是否会产生信赖利益、行政补偿数额量化两个层面进行了详细分析，灵活运用信赖利益保护原则，对类似案件具有一定的参考意义。

1. 关于是否会产生信赖利益问题。

非因法定事由并经法定程序，行政机关不得撤销、变更已经生效的行政决定，因国家利益、公共利益或者其他法定事由需要撤回或者变更行政决定的，应当依照法定权限和程序进行，并对行政管理相对人因此而受到的财产损失依法予以补偿，是为信赖保护原则。《中华人民共和国民法典》第五百八十四条规定，当事人一方不履行合同义务或者履行合同义务不符合约定，造成对方损失的，损失赔偿范围应当相当于因违约所造成的损失，包括合同履行后可以获得的利益；但是不得超过违约一方订立合同时预见到或者应当预见到的因违约可能造成的损失。本案中，因经房地产公司申请并通过行政审批、行政许可等程序，表明案涉地块以协议方式出让给房地产公司，土地管理部门应当为房地产公司办理案涉土地相关手续，否则有违行政信赖原则之精神。案涉地块未能办理协议出让是由于出现了商业用地禁止协议出让的规定，以及第三方介入导致无法按照协议出让方式办理该地块的出让手续并颁发国有土地使用权证。房地产公司对案涉地块按协议出让方式办理供地已获政府批准，只是因为征地程序未完成导致未及时签订出让协议，案涉地块以协议出让方式办理相关用地审批手续的时间早于相关禁止协议出让的法律施行时间，本着法不溯及既往的原则，自然资源部门在未解决房地产公司取得案涉地块国有土地使用权问题的情况下，将案涉土地出让给第三方，有违信赖保护原则。行政机关的行政行为具有公定力、确定力、拘束力和执行力，行政行为一旦作出，必然要求社会公众对此予以信赖。综合本案事实，案涉地块无法办理出让手续，自然资源部门应当基于相对人的信赖利益承担补偿责任。

2. 关于行政补偿数额的量化问题。

如何公平合理地计算当事人需要弥补的损失，在保护当事人合法权益和维护公共利益之间进行平衡，是本案需要考量的重要价值。实践中，关于预期利益损失的主张，结合我国土地和城市房地产管理法律法规规定以及国家依法保护产权政策①，对于回收国有土地使用权的案件，无论国有土地使用权系出让取得还是划拨取得，土地评估价值均为回收补偿的基础依据。其中，对于土地现状价值的确定，通常采用以下两种方法：(1) 土地被转卖的价格，在此基础上扣除购地成本和相关费用，即为增值部分。(2) 如果土地存在对土地利用总体规划进行局部调整或改变性质的情形，一是通过有土地房产评估资质的第三方机构来评估同性质土地的现状价值，以此为参考来确定增值额；二是比照和

① 最高人民法院为此发布《关于充分发挥审判职能作用为企业家创新创业营造良好法治环境的通知》（法〔2018〕1号）要求，妥善审理因政府规划调整、政策变化引发的民商事、行政纠纷案件，对于确因政府规划调整、政策变化导致当事人签订的民商事合同不能履行的，依法支持当事人解除合同的请求。对于当事人请求返还已经支付的国有土体使用权出让金、投资款、租金或者承担损害赔偿责任的，依法予以支持。

参考适用其他同类情形下的补偿标准。而本案不同于回收国有土地使用权案件，当事人因政策调整未取得国有土地使用权，不宜以土地价值评估结果为依据，而应以行政相对人的实际投入成本为直接损失的参照基础予以公平合理地补偿。根据《中华人民共和国民法典》第二百零九条规定，不动产经登记享有物权。当事人未办理土地使用权证的，并非真正土地使用权的权利人。在取得国有土地使用权证前，当事人行使的是合同解除而产生的债权请求权，对于预期利益损失的计算，应以具有一定确定性的预期纯利润的损失为准，即事先实际投入损失和相应利息。涉案行政协议解除责任在政府，虽行政协议解除是源于公权力和社会公共利益的特殊需要，具有相当的正当性、公益性。但基于信赖利益，需要给予合理补偿。在损失认定方面，应遵循既要充分保护相对人的损失补偿请求权，又要兼顾行政补偿损失弥补性原则。本案首先要确定直接损失范围，因房地产公司未能取得案涉地块的国有土地使用权，故对其损失范围的认定应以取得土地使用权前，其发生的实际支出为基础。同时基于维护国家、社会公共利益并充分保护企业合法权益的角度，综合考量房地产公司实际支出发生多年未予补偿，客观公正地评估其实际损失，按存、贷款利息为计算标准均不足以弥补其损失，故以其实际支出为基础，灵活酌定参照民间借贷中司法保护上限支持其利息诉请，可充分保障行政相对人的信赖利益。

编写人：安徽省马鞍山市中级人民法院　焦明君　陈艳

环境资源纠纷

六、环境污染责任纠纷

25

待决环境公益诉讼案件可类推适用类案专家意见认定生态环境污染损害费用

——环保联合会诉纯水处理设备贸易部等环境污染责任案

【案件基本信息】

1. 裁判书字号

江苏省苏州市中级人民法院（2019）苏05民初355号行政判决书

2. 案由：环境污染责任纠纷

3. 当事人

原告：环保联合会

被告：纯水处理设备贸易部、黄某国、黄某淑

支持起诉人：某市人民检察院

【基本案情】

纯水处理设备贸易部系个体工商户，登记经营者为黄某淑，实际经营者为黄某国。2013年以来，黄某国在其经营场所非法从事清洗工业树脂业务，将未经任何处置的超标废水直接排放至外环境，造成严重环境污染。2018年4月8

日，江苏省昆山市人民法院作出生效刑事判决，认定黄某国犯污染环境罪，判处有期徒刑十个月，并处罚金人民币三万元。2018 年 3 月，经检测技术公司监测，纯水处理设备贸易部周边地下水、土壤的特征污染物均符合相应国家标准。环保联合会作为公益组织，遂提起环境公益诉讼，要求纯水处理设备贸易部、黄某国、黄某淑承担留存废树脂等污染物无害化处置费用和生态环境污染修复治理费用，在《××日报》上就其污染环境行为向社会公众刊登致歉声明，承担律师费用、专家意见费用、公告费用和其他诉讼费用。某市人民检察院支持起诉称：纯水处理设备贸易部、黄某国等非法清洗树脂，废水直接排放至外环境，造成严重环境污染。为了保护社会公共利益，依法支持环保联合会提起民事公益诉讼。

根据案件审理需要，法院依法调取（2019）苏 05 民初 58 号环保联合会诉范某珠等环境污染责任纠纷一案中，三位专家就范某珠等清洗废树脂造成的环境污染损害所出具的专家意见，其中关于清洗废树脂的水量计算方法意见如下：根据住房和城乡建设部发布的国家标准《城市排水工程规划规范》（GB50318-2017），工业废水排放系数为 0.6~0.8，三位专家一致认为，对于滤芯、树脂清洗作坊产生的废水排放系数取值 0.8。

【案件焦点】

1. 原告环保联合会诉请的生态环境损害费用 5501600 元（10580 吨×130 元/吨×4 倍），计算方式是否科学，依据是否充分；2. 纯水处理设备贸易部的登记经营者黄某淑是否应当承担环境侵权责任。

【法院裁判要旨】

江苏省苏州市中级人民法院经审理认为：污染者应当对其造成的环境污染承担赔偿责任。经 2018 年 3 月对案涉地下水、土壤采样监测，本案环境污染特征污染物铜、锌含量已经符合相应的国家标准，已无现实修复之必要，应当按照虚拟治理成本法追究黄某国等环境侵权责任。所谓虚拟治理成本，是指按照现行的治理技术和水平治理排放到环境中的污染物所需要的支出，即污染排放量与单位污染物虚拟治理成本的乘积。在量化生态环境损害时，可以根据受污染影响区域的环境敏感程度乘以一定倍数作为环境损害数额的上下限值。关于污染排放量的计算，根据租房合同、水电表抄表记录等证据，黄某国在原告要求承担环境侵权责任的2014年9月到2017年9月期间用水量为10580吨，综合考虑类似树脂清洗案件中废水排放量为用水量的0.6~0.8的专家意见、本案树脂清洗废水外排造成的环境污染程度、黄某国关于用水量构成的答辩意见等因素，酌定2014年9月到2017年9月，黄某国经营纯水处理设备贸易部清洗工业树脂的污染排放量为7406吨（10580吨×0.7）。关于单位污染物虚拟治理成本及虚拟治理成本倍数的确定，根据某市价格认定中心出具的价格认定书及某市生态环境局出具的情况说明，认定案涉树脂清洗废水市场处理价格为130元/吨，受污染的地表水为IV类水标准，涉案水体污染的虚拟治理成本倍数为4倍。因此，2014年9月至2017年9月黄某国经营纯水处理设备贸易部清洗工业树脂外排污水所造成的生态环境损害费用为3851120元（7406吨×130元/吨×4倍）。

关于纯水处理设备贸易部的登记经营者黄某淑是否应当承担环境侵权责任，本案黄某国作为纯水处理设备贸易部的实际经营者已经为生效刑事判决所认定，黄某国亦认可黄某淑与纯水处理设备贸易部没有关系，只是用她的身份做了登记经营者，纯水处理设备贸易部的员工宋某及财务王某亦反映黄某淑从未来过昆山或未见过黄某淑，也没有向黄某淑转过钱，因此，本案环境侵权责任与纯水处理设备贸易部的登记经营者黄某淑关联性不足，应当由实际经营者黄某国承担相应责任。此外，纯水处理设备贸易部虽不具有独立的主体资格，但在市场交易过程中可能存在相关财产登记在纯水处理设备贸易部名下的情形，因此纯水处理设备贸易部名下的财产亦属于履行本案环境侵权赔偿责任的范围。

江苏省苏州市中级人民法院依照《中华人民共和国环境保护法》第六十四条，《中华人民共和国侵权责任法》第六十五条、第六十六条，《最高人民法院关于审理环境民事公益诉讼案件适用法律若干问题的解释》第十八条、第二十二条，《中华人民共和国民法总则》第五十六条第一款，《中华人民共和国民事诉讼法》第一百四十四条规定，判决如下：

一、黄某国在本判决发生法律效力后十日内在《××日报》上就其污染环境行为向社会公众刊登致歉声明（致歉声明刊发前需经本院审核）；

二、黄某国承担本次环境污染事件产生的生态环境损害费用 3851120 元、现场留存废树脂处置费用 20000 元、专家咨询费用 3000 元、律师费用 90000 元，合计 3964120 元，于本判决生效后十日内支付至某市环境保护公益金专用账户；

三、驳回原告环保联合会的其他诉讼请求。

判决后，双方当事人均未上诉，本判决现已生效。

【法官后语】

《最高人民法院关于加强和规范裁判文书释法说理的指导意见》（法发〔2018〕10 号）第七条规定，民事案件没有明确的法律规定作为裁判直接依据的，法官应当首先寻找最相类似的法律规定作出裁判。《最高人民法院关于统一法律适用加强类案检索的指导意见（试行）》（法发〔2020〕24 号）第二条第二项亦规定，人民法院办理缺乏明确裁判规则或者尚未形成统一裁判规则的案件，应当进行类案检索。上述规定中的"寻找最相类似的法律规定作出裁判""类案检索"等均涉及类推适用。所谓类推适用系指将法律针对某构成要件（A）或多数彼此相类似的构成要件所赋予之规则，转用于法律未规定而与前述构成要件相类似的构成要件（B）。[①] 类推适用的正当性基础在于"相类似之案件，应为相同之处理"，这一法理系基于公平原则或平等原则的法律般原则。以类推适用的方法认定、填补法律漏洞，旨在实现"等者等之"的正义要求。环境公益诉讼案件中参照类案专家意见确定环境污染损害结果，一方面有助于节约成本，提高审判效率；另一方面"相类似之案件，应为相同之处理"亦符合一般社会公众的法律认知和心理预期，可提升裁判结果的正当性、可接受性，维护法律秩序的公平稳定。实践中，对于待决环境公益诉讼案件类推适

① 参见［德］卡尔·拉伦茨：《法学方法论》，陈爱娥译，商务印书馆 2003 年版，第 258 页。

用类案证据认定生态环境损害费用应当考虑以下方面：

1. 前提：待决环境公益诉讼案件在损失认定方面存在证据不足问题。

损失是侵权责任的构成要件之一，而在环境污染侵权案件中，损失的认定具有一定的独特性。一般而言，环境污染物具有迁移特性，环境污染的范围会随着时间的推移不断向外扩散，造成损害的扩大。同时，生态环境自身具有一定的净化能力，能够消弭环境污染所产生的损害后果。因此，生态环境损害的认定具有高度的技术性及专业性，一般需要借助专业性的鉴定意见或专家意见等证据予以确认。本案中，公益诉讼起诉人环保联合会并未举证生态环境损害评估报告等证据，难以量化黄某淑造成的生态环境损害费用。在本案受理之前，法院已经审理过数起相同区域内的树脂清洗的环境公益诉讼案件，类案证据可为本案审理提供必要的指引及借鉴。

2. 识别：待决环境公益诉讼案件与类案环境公益诉讼案件的相似性判断。

相似性判断是类推适用的基础及核心步骤。按照通说，相似性判断一般采用构成要件说，即假设有类型A，其内涵特征可概括为M1、M2、M3、M4、M5几点，系争类型B之内涵特征有M2、M3、M4、M6、M7几点，相互比较可知A、B两案之相同特征为M2、M3、M4三点，若此三点在法律评价上对A、B两案均具有重大意义，则可认定两案具有类似性。[①] 经相似性对比发现，待决环境公益诉讼案件与类案环境公益诉讼案件均发生在同一区域，均是清洗废树脂外排污水的污染行为，均系使用酸碱中和及自来水水洗等工艺，外排污水中均含有铜、锌等超标重金属，因此，本案作为待决环境公益诉讼案件，与比对的类案环境公益诉讼案件具有实质意义上的相似性。

3. 核心：拟类推适用的类案证据能够提炼、归纳、抽象出具有一般性的规范意旨。

类推适用类案证据，形式上虽是采用他案证据弥补待决环境公益诉讼案件证据不足之缺陷，但在根本上运用的是这些证据内在蕴含的规范意旨。类推适用的实质是对于一个没有被法律的文义射程所涵盖到的案件，在一个更抽象的

① 屈茂辉：《类推适用的私法价值与司法运用》，载《法学研究》2005年第1期。

层次上，将之与一个被法律所规范到的案件视为一个类型。[①] 类案证据之所以能够同时涵盖已决案件和待决案件，成为待决案件裁判的基准、依据，原因在于其自身包含着可以普遍化的一般性原理。分析、归纳拟类推适用证据的规范意旨具有极为重要的作用，它既是分析待决案件与已决类案是否具有实质意义上的相似性的基准，也是判断二者的相同点和不同点的指针。在实践中，通过纯粹的构成要件进行相似性判断可能比较困难。为此，需要先行归纳拟类推适用证据内蕴的规范意旨，进而寻找出甚至建构出待决案件与已决类案在法律评价层面的类似规则。因此，如果拟类推适用证据内蕴的规范意旨能够及于待决案件，即能够建立供比附援引之“桥梁”，一般认为待决案件与已决类案的相同点和不同点比较中，相同点更为重要。具体到本案中，案涉被污染的生态环境已自然恢复，应当按照虚拟治理成本法追究黄某国的环境侵权责任，通过分析、总结类案专家意见，可以得出如下规范意旨：对于单位虚拟治理成本的确定，应当采用市场价格法，相同或邻近地区、相同或相近生产工艺、产品类型、处理工艺的企业或个人，治理相同或相近污染物，在相同或近似的时间段内实现稳定达标排放的污染治理成本具有趋同性，构成污染治理成本参照适用的科学性基础。在上述因素考虑中，相同产品类型、能够实现稳定达标排放为首要考虑因素，相同或邻近地区为次要考虑因素，再次为生产工艺和处理工艺。在污水排放量计算方面，根据住房和城乡建设部发布的国家标准《城市排水工程规划规范》（GB50318-2017），清洗树脂类工业废水排放系数应计为0.6~0.8。虚拟治理成本的倍数应当根据受污染水体的类型予以区别性确定。上述规范意旨属于适用虚拟治理法追究污染者环境侵权责任的参考性规则，能够在类似案件中重复性、普遍性适用。

4. 适用：类推证据的转移适用及结论检验。

类案证据转移适用至待决案件后得出结论，不需赘言。但需要注意的是，类推在逻辑上是一个先抽象反思（归纳）再演绎的过程。类推的过程并非直接

---

① 参见林立：《法学方法论与德沃金》，中国政法大学出版社2002年版，第59~60页。

从特殊到特殊，而应是先从特殊到一般，再从一般到特殊。[①] 类推适用中的相似性判断是一种求同存异的判断，含有很强的价值判断或法律评价色彩，具有一定的局限性。因此，类案证据转移适用至待决案件后得出的结论，有必要从一般社会公众认知、法理或事理的分析、利益衡量等其他维度对获得的结论进行公正性检验和必要的修正，避免出现结论失当的情况，从而提升证据类推适用的说服力和可接受性。

编写人：江苏省苏州市中级人民法院　姜雨昊

26

因交通事故导致的环境侵权责任之分担

——大桥公司诉物流公司等环境污染责任案

【案件基本信息】

1. 裁判书字号

江苏省南京市中级人民法院（2021）苏01民终4497号民事判决书

2. 案由：环境污染责任纠纷

3. 当事人

原告（被上诉人）：大桥公司

被告（被上诉人）：物流公司、运输公司

被告（上诉人）：甲保险公司、乙保险公司

① 纪海龙：《法律漏洞类型化及其补充——以物权相邻关系为例》，载《法律科学（西北政法大学学报）》2014年第4期。

【基本案情】

2019年9月24日，季某某驾驶制动不合格、机件不符合技术标准的物流公司名下A车辆行驶时，遇情况未能采取有效制动措施，其车前部右侧及左侧，先后撞击前方同车道内赵某某驾驶的运输公司名下B车辆尾部左侧及路左侧护栏，致B车辆尾部左侧卸料阀被撞断，车内所运载的硫酸泄漏到邻近路面、泥土及水塘中，造成两车、路面及附属设施受损，B车辆车内运载的货物泄漏、事发现场附近水体及土体受污染的道路交通事故。交警部门认定在本起交通事故中，季某某承担全部责任，赵某某不承担责任。经交警部门调查查明：发生交通事故后，B车辆的紧急切断阀未能发挥阻止罐体内硫酸泄漏作用，且运输公司驾驶员、陪运员均未对车辆泄漏的硫酸采取任何紧急阻止措施，从而导致现场附近水体及土体污染严重。为及时修复受损的环境资源，大桥公司与环境修复公司签订《环境应急处置项目合同》，约定大桥公司委托环境修复公司负责案涉事故的应急处置，工程总价为293755元。2019年11月，环境修复公司出具验收报告，经专家评议后认定受污染水体及土壤经治理后满足相关环保标准要求。

物流公司为A车辆在甲保险公司处投保了交强险以及三责险（限额100万元）、车损险、不计免赔等商业险。运输公司为B车辆在乙保险公司处投保了交强险、三责险（限额150万元）、车损险、不计免赔等商业险以及道路危险货物承运人责任险。

【案件焦点】

因交通事故导致的环境侵权责任如何认定。

【法院裁判要旨】

江苏省南京市玄武区人民法院经审理认为：关于环境侵权损害赔偿责任分担问题，在存在第三人环境侵权的情况下，侵权人和第三人的侵权责任应严格按照侵权责任的归责原则予以认定。虽然案涉污染事件的起因是交通事故，但交通事故并非导致该污染后果的唯一原因。应当综合分析各方行为与污染后果之间法律上的因果关系，以此判定各自所应承担的侵权责任。运输公司的车辆系特种车辆，按照危险品运输管理规定在运输行驶过程中其车辆罐体的紧急切断阀应当予以关闭，以保障车辆被撞击时发挥阻止危险品外泄的作用，但运输公司怠于履行其安全管理职责，车辆行驶过程中该紧急切断阀处于打开状态，运输人员亦疏于管理和应对，导致本案交通事故发生时紧急切断阀丧失其阻止硫酸外漏的功能，这是案涉硫酸发生如此大规模泄漏造成严重环境污染的主要原因。综合考虑上述因素，认定对于环境污染的损失后果，物流公司应承担30%的赔偿责任，运输公司应承担70%的赔偿责任。由于理赔金额均在保险限额内，为减少诉累，物流公司、运输公司无须承担赔偿责任，由两家保险公司分别对各自投保车辆应承担的赔偿责任直接向大桥公司赔付。

江苏省南京市玄武区人民法院依照《中华人民共和国民法典》第一千二百三十三条、第一千二百三十四条，《中华人民共和国保险法》第十四条、第三十条，《中华人民共和国民事诉讼法》第一百四十二条规定，判决如下：

一、甲保险公司于本判决生效之日起十日内赔付大桥公司88126.5元；

二、乙保险公司于本判决生效之日起十日内赔付大桥公司205628.5元；

三、驳回大桥公司其他的诉讼请求。

甲保险公司、乙保险公司不服一审判决，提起上诉。江苏省南京市中级人民法院同意一审法院的裁判意见，判决如下：

驳回上诉，维持原判。

【法官后语】

本案为新类型的数人环境侵权案件，其特点在于两个及两个以上侵权主体造成不可分的损害结果，且多个行为与损害结果间均存在因果关系。司法实践中，认定数人环境侵权责任承担时应兼顾“公正与效率”，不仅要使受污染环境快速修复及受害方获得有效救济，还要让侵权行为人的理性预期与责任分担相匹配。因交通事故进而引发污染损害的，污染者和第三人基于不同原因产生同一环境损害事实，作为污染危险源的控制者也即侵权人，适用无过错原则，因交通事故致污染物资泄漏的属于环境侵权中的第三人，适用过错责任原则。

本案为交通事故侵权与环境污染侵权叠加情形下的责任分担认定提供了思路，对类似案件的裁判具有较强的参考价值。

1. 交通事故和环境侵权叠加情形下的归责因素考量。

环境侵权行为的形式复杂多样，同一危害结果可能由数个不同的行为分别或重合引起，存在“多因一果”的现象。因交通事故导致的环境侵权中，交通事故一般是污染事故的起因，但往往并非导致环境污染后果的唯一原因。因此，除交通事故外，还需要对导致环境污染后果的其他侵权行为等进行综合评判。

交通事故认定书是公安机关交管部门依据法律规定对交通事故的发生原因、引发交通事故的责任主体及责任大小所作出的行政法律文件，是处理交通事故损害赔偿案件确定当事人民事责任的重要依据，但交通事故责任评价的内容仅限于交通事故本身，不能作为环境侵权责任分配的唯一依据。

环境侵权责任属于典型的民事责任，其认定须遵循侵权行为、环境污染后果以及二者之间存在因果关系的三要素构成要件的基本逻辑，适用侵权人无过错责任、第三人过错责任的归责原则。本案中，虽然系物流公司的车辆撞击运输公司的车辆导致硫酸大量倾泻，但运输公司未正常关闭车辆罐体紧急切断阀等也是导致环境污染的原因。因此，运输公司的操作失范、过错程度等应当一并纳入本案当事人侵权责任分配的法律评价范围，不能仅根据交通事故责任确定环境侵权责任。

2. 第三人环境侵权损害赔偿的责任分担。

在第三人环境侵权中，应当以第三人的过错程度确定其赔偿责任比例，第三人与侵权人之间根据各自行为的原因力大小按比例承担责任。从事道路危险货物运输经营的企业，须严格遵循《道路危险货物运输管理规定》，有符合特殊要求的专用车辆及设备、停车场地、从业人员和安全管理人员、健全的安全生产管理制度等，从而降低偶发危险事故的概率，这也是法律法规科以危险货物运输企业的特殊义务。本案中，运输公司未尽日常运营安全防护职责，对危险货物运营车辆的紧急切断阀没有定期维护、检测，交通事故发生后，运输公司驾驶员、押运员亦未采取任何紧急阻止措施，任由车载硫酸泄漏，致使环境污染损害后果进一步扩大。因此，虽交通事故是造成环境污染后果的诱因，但运输公司未依法履行安全管理职责，且操作不当，才是导致案涉大规模环境污染后果的主要、直接原因，应承担环境侵权事故的主要责任，故本案确定其承担70%的责任比例。

绿色原则是我国民事活动的一项基本原则，特别在《中华人民共和国民法典》侵权责任编“环境污染和生态破坏责任”一章中得到彻底贯彻。环境司法是环境保护的最后一道防线，明确环境侵权责任，及时履行赔付义务，最大化修复生态环境，对于守护绿水青山具有重要意义。本案的裁判结果践行了绿色发展理念，发挥了司法对环境保护的规范引导功能，对环境侵权者起到了良好的警示作用，有利于提高危险品运输从业者的环保意识和规则意识，促进危险品运输行业进一步加强安全管理，有助于形成全社会携手共推生态文明建设的氛围。

编写人：江苏省南京市玄武区人民法院　高飞　王婵

27

环境污染纠纷中被侵权人关联性证明责任及其证明路径

——刘某诉购物中心环境污染责任案

【案件基本信息】

1. 裁判书字号

四川省资中县人民法院（2021）川1025民初3121号民事判决书

2. 案由：环境污染责任纠纷

3. 当事人

原告：刘某

被告：购物中心

【基本案情】

刘某自2018年12月27日起居住在其女儿购买的房屋内。该房屋处于涉案住宅7楼，购物中心的排烟设施油烟净化、降噪设备放置于6楼空地，其烟道与该住宅的距离约35米。2018年9月17日至2020年4月1日期间，刘某多次因脑血管供血不足、Ⅱ型糖尿病、过敏性鼻炎、腰椎病、脑梗死、甲状腺功能亢进、左眼白内障等病在医院进行治疗，产生住院费、医药费、误工费等损失。刘某认为购物中心自2014年以来长年累月在6楼排放噪声的行为，严重污染了其及家人的生活空间，致使自身的健康遭受影响，并逐步演变至身体多种疾病的产生，遂起诉要求购物中心赔偿损失，并停止侵害、排除妨碍。购物中心认为其并不存在排放噪声造成环境污染的行为，其合法合规的排放行为不属于噪声污染，亦不属于环境污染行为。

【案件焦点】

1. 被告的排放行为是否属于环境污染；2. 被告的排放行为与原告的损害之间是否具有因果关系。

【法院裁判要旨】

四川省资中县人民法院经审理认为：原告主张被告自2014年以来持续不断排放噪声，故本案应适用民法典的规定。依照《最高人民法院关于审理环境侵权责任纠纷案件适用法律若干问题的解释》第六条“被侵权人根据民法典第七编第七章的规定请求赔偿的，应当提供证明以下事实的证据材料：（一）侵权人排放了污染物或者破坏了生态；（二）被侵权人的损害；（三）侵权人排放的污染物或者其次生污染物、破坏生态的行为与损害之间具有关联性”及《中华人民共和国环境噪声污染防治法》第二条“本法所称环境噪声，是指在工业生产、建筑施工、交通运输和社会生活中所产生的干扰周围生活环境的声音。本法所称环境噪声污染，是指所产生的环境噪声超过国家规定的环境噪声排放标准，并干扰他人正常生活、工作和学习的现象”的规定，原告应举证证明被告超过国家规定的环境噪声排放标准排放噪声，但原告并未对此进行举证，应承担举证不能的法律责任。且虽然原告有住院及门诊治疗的事实，但住院记录中载明的闻油烟及汽车尾气后症状加重系原告自述，住院病历及检查报告均不能反映其住院或门诊治疗系因噪声影响，不能证明原告的治疗与被告的排放行为具有关联性，故对原告主张的要求被告赔偿损失的请求不予支持。同时，原告并未举证证明被告超标排放噪声的事实，故对原告要求被告停止侵害、排除妨碍的诉讼请求亦不予以支持。

四川省资中县人民法院依照《中华人民共和国环境噪声污染防治法》第二条，《最高人民法院关于审理环境侵权责任纠纷案件适用法律若干问题的解释》第六条，《最高人民法院关于适用〈中华人民共和国民法典〉时间效力的若干规定》第一条第三款，《中华人民共和国民事诉讼法》第一百一十九条，《最高人民法院关于适用〈中华人民共和国民事诉讼法〉的解释》第九十条规定，判决如下：

驳回原告刘某的诉讼请求。

判决后，双方当事人均未上诉，本判决现已生效。

【法官后语】

环境污染责任纠纷实行因果关系举证责任倒置，根据《最高人民法院关于审理环境侵权责任纠纷案件适用法律若干问题的解释》规定，被侵权人仅需证明其有损害后果、侵权人存在环境污染的行为，且环境污染行为与损害后果之间具有关联性。本案中，原告并未举证证明被告的行为属污染环境行为，亦无法从原告提交的证据推定环境污染行为和损害之间具有关联性，故其应承担举证不能的责任。本案从环境污染行为与损害后果的关联性出发，为关联性证明责任的证明路径提供了一个较好的分析样本。

被侵权人对环境污染行为与损害后果之间关联性的证明责任较轻，仅需证明环境污染行为与损害后果之间存在连结点，即完成举证责任。探究其证明路径，主要有以下几种：

1. 损害后果与环境污染行为存在的时间、空间联系。当污染行为与损害后果之间具有时间上的逻辑关系或空间上重叠时，则推定污染行为与损害后果之间存在关联性。本案中，原告自2018年12月27日起至纠纷发生时居住在案涉房屋内，但其在2018年9月17日就因脑血管供血不足、Ⅱ型糖尿病、过敏性鼻炎等原因入院治疗，若原告认为其患病系被告排放噪声行为导致，则在时间上逻辑存疑。

2. 常识性判断。常识对于判断关联性具有重要的意义，如通过排放废气企业所处的位置、该区域的常年风向及受害者所处的位置，可判断该企业排放的废气是否能够达到受害者所处的位置，从而判断关联性存在与否。本案中，原告所患脑梗死、过敏性鼻炎、腰椎病等，通过医学常识可以判断系因自身身体退行性病变引发的疾病，与噪声污染无必然联系。

3. 损害后果与侵权行为性质上的联系。受害者提出的损害后果中，若检测出含有与排放的污染物中性质相同的物质，则推定关联性存在。侵权人排放的污染物中含有某种有害物质，被侵权人提交的检测报告中亦显示含有该类物质，受损害的原因与该有害物质同样或类似，则可以推定关联性存在。本案中，原告主张被告排放噪声的行为导致其患病住院，但从其提交的病历资料中无法看出其疾病系因长期受到噪声影响导致。

4. 侵权人的类似行为。如果污染者在受害者提起诉讼之前，存在类似的案例，而该案例中认定了关联性的存在，则只要侵权人的污染行为及受害者的损害后果与之前的案例相同，则可以之前的案例推断当前的污染行为与损害后果关联性成立。

5. 受害者自身因素不应作为判断标准。在司法实践中，部分案件考虑被侵权人自身体质等因素，面对同样的环境污染行为，不同体质的人群是否遭受损害、遭受损害的程度均不一致，但遭受环境污染是一种客观的介入因素，其自身体质等因素并不必然导致损害结果的发生，且并不因其存在某些因素而有过错，现行法律亦未将参与度考虑为侵权人免除或减轻责任的要素。因此，在环境污染纠纷中，不应考虑受害者自身因素的参与度。

被侵权人关联性举证证明程度是否达到证明标准，需要裁判者通过自由裁量判断，判断中应以侵权行为与损害后果为基础，充分引入价值判断标准，才能实现自由裁量的结果更加接近客观事实。

编写人：四川省资中县人民法院 谭春英 曹佩珊

28

社会组织提起公益诉讼后由环境主管机关进行生态环境损害赔偿磋商的衔接与转换

——环保公益联合会诉水泥公司大气污染公益诉讼案

【案件基本信息】

1. 裁判书字号

安徽省马鞍山市中级人民法院（2021）皖05民初72号民事判决书

2. 案由：大气污染公益诉讼

3. 当事人

原告：环保公益联合会

被告：水泥公司

【基本案情】

因水泥公司2016年12月16日二氧化硫排放日超标0.44倍、未采取集中收集处理措施严格控制粉尘和气态污染物的排放以及进料口未封闭问题，某县原环境保护局分别于2017年2月17日、9月20日、12月4日先后对水泥公司作出三份《责令改正违法行为决定书》并公布于某县人民政府信息公开网站。

环保公益联合会就该三份公开的决定书向本院提起环境公益诉讼。诉讼过程中，某县生态环境分局出具《情况说明》，认可水泥公司整改措施均已落实到位，并严格按照相关环保要求执行粉尘控制。

法院将诉讼情况通报环境主管部门某市生态环境局。某市生态环境局已经启动生态环境损害赔偿程序，水泥公司自愿通过生态环境损害赔偿程序解决相关问题。对因环境污染造成的环境功能性损失，双方已共同委托环境科学院进行评估鉴定，并根据评估鉴定意见进行生态环境损害赔偿磋商，达成磋商协议，实现生态环境全面修复，同时邀请环保公益联合会监督生态环境损害赔偿磋商过程。

环保公益联合会庭审中述称，其未至现场进行过调查核实，提起本案诉讼仅依据某县人民政府网站上公开的行政决定书。环保公益联合会坚持本案诉讼，不同意某市生态环境局依法履行法定职责，与水泥公司开展生态环境损害赔偿磋商。

【案件焦点】

是否应当支持原告关于被告停止侵害及赔礼道歉的诉请。

【法院裁判要旨】

安徽省马鞍山市中级人民法院经审理认为：因水泥公司在发生违法行为后已及时完成整改，不存在尚未完成整改致环境侵权行为仍在继续的情形。对于环境服务功能损失，环境主管机关已经启动生态环境损害赔偿程序。且环保公益联合会未举证证明其主张，在提起诉讼及审理中提交的证据仅为政府网站的行政处罚文书，其诉请中虽然对损害赔偿数额的认定要求以评估鉴定为依据，但并未提交鉴定申请。本院在立案后，通知环境行政部门，环境行政部门已积极履行监督管理职责，并开展了环境污染的鉴定工作，环境行政部门基于行政执法的专业性及职权，可以更加全面、即时、持续有保障地对案涉环境违法行为行使损害赔偿请求权。原告的诉讼目的已有保证，且已达到环境民事公益诉讼的司法效果。环保公益联合会可关注环境行政部门后续的生态环境损害赔偿工作，以切实保护环境公益，同时避免司法资源的浪费。

安徽省马鞍山市中级人民法院依照《中华人民共和国环境保护法》第五十五条第一款、第一百一十九条之规定，判决如下：

驳回环保公益联合会的诉讼请求。

判决后，双方当事人均未上诉，本判决现已生效。

【法官后语】

自2015年施行环境民事公益诉讼制度以来，社会组织对环境民事公益诉讼起到了有益的补充作用。本案创新了社会组织提起公益诉讼后的案件审理与环境主管机关进行生态环境损害赔偿磋商的衔接与转换机制。生态环境损害赔偿诉讼本质上是特殊的环境民事公益诉讼，与环境民事公益诉讼在诉讼程序、起诉条件、诉讼目的上存在重合。《最高人民法院关于审理生态环境损害赔偿案件的若干规定（试行）》第十六条至第十八条对两种诉讼的衔接作出规定，明确了三个方面的规则：一是诉权平行、同一审判组织审理的规则；二是生态环境损害赔偿案件先行审理的规则；三是诉讼请求覆盖规则。根据法条内容及后诉提起时间的不同将其分为两类：一是在前诉审理终结前提起后诉，法院依法受理并由同一审理组织合并审理两诉，以生态损害赔偿诉讼为优先审理对象，审理结束后，就民事公益诉讼未被涵盖的诉讼请求依法裁判；二是生态环境损害赔偿诉讼（或环境民事公益诉讼）先行提起并经审理结束后，环境民事公益诉讼（或生态环境损害赔偿诉讼）原告再起诉的，必须有证据证明存在前案审理时未发现的损害。以基金会诉化工公司等环境民事公益诉讼案①为例，一审法院于2016年7月18日中止环境民事公益诉讼。后生态环境部门提起生态环境损害赔偿诉讼。待生态环境损害赔偿诉讼审理结束后，一审法院对环境民事公益诉讼案件继续审理。这一案件的审理，运用了“两诉”均处在审理阶段时，生态环境损害赔偿顺位优先的规则。

为更好地坚持生态环境损害赔偿诉讼顺位优先原则，社会组织提起环境民事公益诉讼时，人民法院应当建立向当地环境资源主管部门的通报机制，在征询涉诉企业同意的情况下，可以就生态环境损害进行磋商，磋商可邀请专家、

---

① 山东省济南市中级人民法院（2016）鲁01民初780号民事判决书，载中国裁判文书网，https：//wenshu.court.gov.cn/website/wenshu/181107ANFZ0BXSK4/index.html？docId=kPOB9XJWQhfY4BpNMBZA3jkpNDIQZhV85y6MocFk6YOpuku9X3+Ce/UKq3u+IEo4w4OaGAbnG2DP6opgpeU63zpFwRbIqqW5NepeCmzPzC2C2qsjaoJLjYjUkNs4AOJk，最后访问时间：2023年5月25日。

案件受理法院、检察机关和利益相关的公民、法人、其他组织进行监督。如磋商达成协议，则社会组织无须再提起环境民事公益诉讼。如磋商不成，优先考虑环境资源主管部门提起生态环境损害赔偿诉讼。在相关环境资源主管部门明确不起诉时，则社会组织提起的环境民事公益诉讼正常审理。

同时，环境民事公益诉讼是基于对生态环境保护提起的诉讼，理应遵循公益性目的，通过诉讼达到保护生态环境的目的。对实践中社会组织提起公益诉讼的行为仍需要加以规范，不断完善。比如，社会组织提起公益诉讼时，关于其立案资格审查标准，应当明确起诉主体对被告不修复行为起诉，还是对被告不履行替代性修复责任起诉，坚持“责任主体明确+损害事实+损害结果”的立案标准，即有明确的被告、相应的环境污染、生态破坏事实发生，具体的损害结果且与损害事实之间具有因果关系。

编写人：安徽省马鞍山市中级人民法院　焦明君　陈艳

29

水污染责任纠纷中对鉴定意见的司法审查及赔偿数额的认定

——养殖场诉农牧公司水污染责任案

【案件基本信息】

1. 裁判书字号

重庆市第五中级人民法院（2021）渝05民终7166号民事判决书

2. 案由：水污染责任纠纷

3. 当事人

原告（上诉人）：养殖场

被告（上诉人）：农牧公司

【基本案情】

养殖场承包约30亩水田建鱼池养殖鱼苗。其陈述自1999年10月建成经营状况良好，在2010年后产值由以前的每亩八九千元增产到2万元左右。农牧公司成立于2012年6月21日，经营范围为生猪养殖、销售等。二者均位于某溪河旁，农牧公司生猪养殖场位于河流上游，养殖场位于河流下游，其生产养殖用水需从某溪河取水，取水后无中间处理过程。2017年5月、2018年3月2日、2019年4月，农牧公司三次因生产废水通过雨水沟直排至某溪河、不正常运行污染防治设施等原因被某区环保局予以行政处罚。2018年4月—2019年5月，某区生态环境监测站受某区环保局委托对某溪河水质进行监督性监测，并出具3份监测报告。本案审理中，针对养殖场2017—2019年的损失，甲司法鉴定所于2020年5月26日作出认定，建议损失按60%计算为2188230元。鉴定人当庭陈述，由于养殖场提供的损失方面的证据不能形成完整的证据链，故损失结论是以目前我国西南地区淡水水产苗种场产值及鉴定人自身经验按8万~12万元/亩/年的产值进行参考后扣除生产性投入得出。

关于农牧公司排污行为与养殖场养殖的鱼苗死亡之间是否存在因果关系，一审法院针对前述3份监测报告反映的水质情况与养殖场养殖鱼类死亡之间的因果关系委托鉴定，乙司法鉴定所于2021年4月30日作出鉴定意见：(1)农牧公司是造成某溪河流这一公共水域污染的污染源之一；(2)养殖场直接从某溪河流抽取水用于鱼苗养殖，在未经专业处理的情况下长期采用上述河水直接养鱼，会导致鱼苗死亡；(3)3份监测报告反映的水质与养殖场鱼苗死亡之间存在间接因果关系。因双方对鉴定意见争议较大，一审法院走访了重庆市某区三家不同规模、经验丰富的水产养殖场，确定从事鱼苗繁殖养育的养殖场每亩每年的产值在1万~3万元。

【案件焦点】

1. 农牧公司是否应当承担环境侵权责任；2. 养殖场损失金额应当如何确定。

【法院裁判要旨】

重庆市江津区人民法院经审理认为：首先，根据某溪河水流流向、养猪场所处的位置和废水排放口位置，结合水质监测报告数据，可以确定农牧公司排放污染物至某溪河造成河水污染已构成污染环境的行为。其次，根据鉴定意见，养殖场损害事实客观存在。根据因该鉴定意见中关于损失的认定是以鉴定人自身的经验进行的参考。根据法院调查走访情况多家养殖场的平均产值，酌情确定养殖场的损失为 450000 元。因养殖场作为从事鱼苗繁育养殖多年的养殖场，无专业处理污水措施，也无蓄水池等备用水源，其对造成的损失具有重大过失，故酌情确定由养殖场自行承担 40%的责任，由农牧公司承担 60%的责任。

重庆市江津区人民法院依照《中华人民共和国环境保护法》第四十二条第一款、第六十四条，《中华人民共和国侵权责任法》第六十五条、第六十六条，《中华人民共和国水污染防治法》第九十六条、第九十八条，《最高人民法院关于审理环境侵权责任纠纷案件适用法律若干问题的解释》第一条，《最高人民法院关于适用〈中华人民共和国民法典〉时间效力的若干规定》第一条规定，作出如下判决：

一、被告农牧公司于本判决生效后十日内赔偿原告养殖场 2017—2019 年的损失 270000 元；

二、驳回原告养殖场的其余诉讼请求。

养殖场、农牧公司均不服一审判决，提出上诉。重庆市第五中级人民法院经审理认为：首先，农牧公司是否应当承担环境侵权责任。由于水污染具有间接性、长期性、潜伏性、滞后性等特点，其造成的环境损害是动态的、系统性的，并非简单的、一次性的短期过程。水产养殖周期较长，养殖用水中是否含有污染物质，污染物质成分、含量大小对养殖生产的具体危害、危害发生机理等，难以长期持续观测并作出精确结论，且随着水流对污染物的稀释及时间变化，污染物质的含量、致害性等也可能发生改变，被侵权人一方难以举示充分证据或运用专业知识证明水污染行为与损害后果之间的因果关系长期存在。故在水污染责任纠纷中侵权人是否应当承担环境侵权责任，应当综合侵权人是否具有明确的排污行为、污染物传输路径是否具有合理性、监测提取的污染物因子是否与被侵权人的损害后果具有牵连性，并结合双方举证责任分配、专业人员意见等予以认定。本案对农牧公司在2017—2019年向某溪河排放污染物导致养殖场鱼苗死亡已形成完整的证据链，一审法院认定农牧公司应当在本案中承担环境侵权责任并无不当。

其次，养殖场损失金额应当如何确定与酌定。因养殖场向鉴定人提交的证明自身损失的证据不完整，鉴定人只能根据其自身专业经验通过一种理论模型进行推算。此外，该鉴定意见中仅对养殖场因水污染遭受的损失进行计算，对其养殖期间应当投入的人力、物力等生产成本未予确定。该鉴定意见既与养殖场向法院起诉时请求的赔偿金额30万元相差巨大，又与当事人双方就鉴定意见发生争议后一审法院调查走访的多家不同规模养殖场的平均年产值（1万~3万元）悬殊。结合上述事实，可以认定鉴定意见确定的损失金额与养殖场实际损失不符，一审法院对鉴定意见中超出部分损失不予采信，符合本案客观实际。同时，养殖场在养殖过程中并非每年都是绝收，而是有部分收益，其在本案中提交的自述材料也表明其产值由以前的每亩八九千元增产到2万元左右，但并未提供其具体收益多少的证据，故在认定其损失时应当对该收益予以扣减。再者，一审人民陪审员蒋某敏，系重庆市某区林业局渔业高级工程师、重庆市珍稀特有鱼类国家级自然保护区管理处野生动物救护专家组成员、重庆市环境资源审判专家库成员，有较高的理论知识，在水产养殖行业亦具有多年的从业经验，对水产养殖行业的养殖方式、养殖成本、养殖收益等方面具有专业的认知能力，其提出的损失评估意见对本案的处理具有参考价值。养殖场的客观损失在本案中难以查清，在无法采信鉴定意见的前提下，一审法院结合专家陪审员意见，根据养殖场鱼塘面积、同类规模养殖场产值的平均市场价格，考虑扣除养殖成本支出、鱼塘仍有部分收入等因素，酌情确定其年损失金额为150000元并无不当。

最后，关于养殖场承担40%的责任是否适当。养殖场作为长期从事鱼苗繁育、规格苗养殖的专业养殖场，应当了解在水产养殖过程中水质对鱼苗繁育、生长的重要性，应有备用水源、过滤池等设施设备，并采取积极措施保证养殖用水符合生产要求。养殖场在2016年出现鱼苗死亡或减产后，理应及时排查相关原因，并采取相应措施减少损失，但其于2017年3月发现某溪河水氨氮超标后仍然直接取用河水作为养殖用水，放任损失发生，明显存在过错。综上，一审法院酌情确定由养殖场自行承担40%的责任并无不当。

重庆市第五中级人民法院依照《中华人民共和国民事诉讼法》第一百七十条第一款第一项规定，作出如下判决：

驳回上诉，维持原判。

【法官后语】

由于水污染具有间接性、长期性、潜伏性、滞后性等特点，司法实践中，认定水污染行为与损害后果之间的因果关系长期存在以及具体损失金额的难度较大。

1. 关于如何正确认定水污染侵害中的因果关系。

环境污染行为具有复杂性、隐蔽性、滞后性等特点，受害人的权益难以及时有效地得到实现。因此，从有利于权利实现保障实体正义的角度出发，在因果关系的认定上，应当作出有利于受害人的倾斜①。

首先，被侵权人应当证明水污染行为与损害事实之间存在因果关系的可能性。在水污染侵权责任中，被侵权人应就污染行为与损害结果之间存在关联性提交初步证据，对因果关系存在的可能性进行初步证明，只是这种因果关系的可能性不需要达到高度盖然性。

其次，侵权人对排污行为与损害结果之间没有因果关系的证明责任应当达到高度盖然性标准。行为人要推翻因果关系的推定，须提供足以证明自己的排污行为不是造成损害发生的原因或即便没有自己的排污行为损害仍会发生、存在第三人或被侵权人的过错、不可抗力等证据，才能免除或者减轻自己的侵权

---

① 最新法律文件解读丛书编选组编：《民事法律文件解读》（总第143辑）（2016.11），人民法院出版社2016年版，第78页。

责任。以本案为例，农牧公司申请对3份环境监测报告反映的水质情况与养殖场养殖鱼类死亡之间是否存在因果关系进行鉴定，鉴定意见为：农牧公司经营的生猪养殖场是其污染源之一，3份检测报告反映的水质与养殖场鱼苗死亡之间存在间接因果关系。因此，尽管农牧公司举示的证据可看出河水本身存在一定程度的污染，但因检测报告中反映的农牧公司单独排放的水污染物的浓度已达到可致鱼苗死亡的浓度，故在农牧公司未再进一步举证证明尚有其他侵权主体的情况下，人民法院认为其举证并未达到高度盖然性标准，不能达到否认或者减轻自己侵权责任的证明目的。

最后，人民法院在判断污染行为与损害后果之间因果关系时的具体考量。因果关系是侵权责任的重要构成要件，没有因果关系必然不构成侵权责任。在审判实务中，如何判断因果关系，通常由法官根据个案的实际情况依一般社会经验决定。对于水污染这种可能存在多因一果、一因多果或多因多果复杂情形的，法官应发挥能动性，依职权考量具体因素判断污染行为与损害后果之间的因果关系，即根据因果关系推定理论，结合举证责任分配、鉴定意见或专业人员意见等因素判断[①]。因此，本案综合考虑了侵权行为人是否具有明确的排污行为、污染物传输路径是否具有合理性、监测提取的污染物因子是否与被侵权人的损害后果具有牵连性，并结合双方举证责任分配、专业人员意见等予以认定。

2. 对存在理论推理或结论冲突鉴定意见的审查标准。

鉴定意见是指在诉讼活动中，鉴定人运用科学技术或者专门知识对诉讼涉及的专门性问题进行鉴别和判断后所作出的意见结论[②]。在事诉讼中的鉴定意见须符合三个条件：(1) 鉴定的问题是法律问题之外的专门性问题；(2) 是人民法院委托具有相应资格的鉴定人出具的意见；(3) 在本案诉讼中委托。

---

① 最高人民法院民法典贯彻实施工作领导小组主编：《中华人民共和国民法典侵权责任编理解与适用》，人民法院出版社2020年版，第554页。

② 孙海龙、姚建军：《司法鉴定与专家辅助人制度研究》，载《人民司法（应用）》2008年第3期。

由于环境污染损害通常具有复杂性、潜伏性和持续性的损害结果，环境侵权案件大多涉及因果关系、损失大小、修复费用等专业化技术性问题，需要依托鉴定予以识别和判断。尽管鉴定意见在诉讼中有着相对强势的证据效力，但其作为证据的缺陷（滞后性和局限性）同其功能是并存的。因此，司法鉴定的问题应是法律问题之外的专门性问题，鉴定的功能在于帮助法官接近事实、形成心证，绝非代替法官进行审判。司法鉴定意见属于科学证据的范畴，法官在认识和运用鉴定意见时，当存在推理或结论相互冲突的鉴定意见或鉴定意见中存在不合理的计算过程或结论时，法官应遵循逻辑性、合理性、科学常识和经验法则的审查标准，结合具体案情来判断是否采信、采信何种意见。当出现无法鉴定或者不宜鉴定时，由法官对涉及专门性问题的事实进行酌定。

3. 对水污染财产损害金额认定的考量因素。

财产损害赔偿范围应当以全部赔偿为原则，但涉及具体损害赔偿金额确定的问题时，就需要确立相应的计算标准或者方式①。《中华人民共和国民法典》第一千一百八十四条规定，侵害他人财产的，财产损失按照损失发生时的市场价格或者其他合理方式计算。这是最常用的财产损失计算方法，尤其适用于有体物的损害赔偿计算。但对于环境污染这种专业技术性极强的领域，造成的损失计算难度要大于一般侵权行为造成的损失。

水污染侵害造成的财产损害通常表现在水产养殖收益减少，但水产养殖物的产量除了受水质状况影响外，还跟天气变化、养殖方式、养殖技术等因素有关，难以直接确定水污染因素对水产养殖减产的影响程度。如何确定公平、合理的赔偿损失数额，对于人民法院而言是个难题，确定的赔偿数额较高，有可能导致污染者承担过重的责任；确定的赔偿数额较低，有可能放纵污染者的污染行为，不足以弥补受害人的损失。因此，在不论是鉴定评估机构还是法院，都从根本上缺少有关量化损害的直接证据和合适的评估方法时，采取司法酌定的模式合理确定损害金额对环境权益的保护及当事人损失的救济都具有非常重

---

① 最高人民法院民法典贯彻实施工作领导小组主编：《中华人民共和国民法典侵权责任编理解与适用》，人民法院出版社2020年版，第182页。

要的作用①。对于损害数额的司法鉴定意见与市场价值不相合的，人民法院应参照侵权行为对受害人造成的损害程度、受害人损害发生前的实际平均收入、市场行情等多种因素酌定其损失数额，这样才较为公平适宜。

编写人：重庆市第五中级人民法院　冉崇高　汪晓敏

30

以“修路”为名实施非法采矿行为导致毁林后果的责任承担

——某区规划和自然资源局诉石某土壤污染责任案

【案件基本信息】

1. 裁判书字号

重庆市高级人民法院（2021）渝民终847号民事裁定书

2. 案由：土壤污染责任纠纷

3. 当事人

原告（被上诉人）：某区规划和自然资源局

支持起诉人：某区人民检察院

被告（上诉人）：石某

【基本案情】

2018年3月左右，石某在未取得采矿许可证的情况下非法开采矿石，并将开采的矿石低价贩卖。8月21日，某区国土资源和房屋管理局向石某送达《责令限期改正违法行为通知书》，要求石某自行关闭无证采矿点并复耕，恢复土

① 陈伟：《生态环境损害额的司法确定》，载《清华法学》2021年第2期。

地原貌。石某未在规定期限内主动履行改正义务。10月31日，某区国土资源和房屋管理局某管理所在日常巡查时发现，石某仍在实施采矿行为并未恢复土地原貌。经鉴定认定，石某开采水泥配料用砂岩，造成原有植被全部丧失，山体裸露，毁坏林地的面积为19.04亩。森林植被恢复费用为126930元、林地补偿费用为203088元、植被恢复治理费用约2448700元，委托鉴定的被毁林地的综合损失为2778718元。2020年1月3日，某区规划和自然资源局向法院提起诉讼，请求：1. 被告承担森林植被恢复费用、林地补偿费用、植被恢复治理费用；2. 被告承担司法鉴定费用；3. 被告在省级以上媒体公开赔礼道歉。

石某未取得采矿许可证擅自开采水泥配料用砂岩，其行为已构成非法采矿罪，被生效裁判判处有期徒刑三年八个月，并处罚金人民币20万元。

【案件焦点】

1. 非法采矿破坏林地的行为是否构成环境侵权；2. 被告缴纳的复绿保证金能否抵扣其生态修复赔偿数额。

【法院裁判要旨】

重庆市第五中级人民法院经审理认为：被告石某在未取得采矿许可证的前提下，擅自开采水泥配料用砂岩的行为毁坏林地，导致案涉区域原有植被丧失，生态环境遭到损害，已构成环境侵权，应当承担修复生态环境的民事责任。被告虽主张自行修复生态环境，但本案生态环境修复具有较强专业性，被告自身并不具备直接修复的技术条件，因此，对被告要求自行修复受损生态环境的主张不予采纳。经鉴定植被恢复治理费用2448700元，系在考虑案涉受损环境的实际情况后，根据重庆市相关地方计价标准核算得出，相关材料价格参考重庆市市场价，符合本案案涉受损环境修复的客观实际。因此，原告请求被告赔偿植被恢复治理费用2448700元，该项费用实质为本案生态修复费用，符合法律规定，依法予以支持。被告赔偿的生态修复费用，应专项用于案涉区域生态环境修复和保护。被告虽然已向集体资产经营管理公司交纳复绿保证金50000元，但上述费用系被告向案涉区域集体经济组织交纳，与原告主张的因生态破坏导致的生态修复费用不具有直接的法律关系，本案不予审查。

重庆市第五中级人民法院依照《中华人民共和国民法典》第一千二百二十九条、第一千二百三十条、第一千二百三十五条，《中华人民共和国民事诉讼法》第五十五条，《最高人民法院关于审理生态环境损害赔偿案件的若干规定（试行）》第一条、第十条、第十一条、第十二条、第十四条、第十五条，《最高人民法院关于审理环境侵权责任纠纷案件适用法律若干问题的解释》第一条、第十三条规定，作出如下判决：

一、被告石某赔偿造成生态环境损害的植被恢复治理费用2448700元、司法鉴定费60000元，合计2508700元，于本判决生效之日起十日内支付至本院指定的专款账户；

二、被告石某在本判决生效之日起三十日内在重庆市市级以上媒体向社会公众赔礼道歉。

石某不服一审判决，提出上诉。重庆市高级人民法院经审理认为：石某未在规定期限内预交二审案件受理费，裁定本案按石某自动撤回上诉处理。一审裁判现已生效。

【法官后语】

实践中，行为人以“修路”为名行“非法采矿”之实而毁坏林地、耕地的案件时有发生。本案系行为人在未取得采矿许可证的前提下擅自采矿，导致毁坏林地损失达250万余元的重大生态环境损害赔偿诉讼案件。现就对当事人违法采矿行为所导致生态环境损害的事实认定、损害数额的确定以及复绿保证金能否抵扣生态修复费用等问题展开分析。

首先，生态环境损害得以赔偿的前提是存在损害。法律上的损害必须具备一定的物质形态，达到一定的量度要求。生态环境损害是指因污染环境、破坏生态造成大气、地表水、地下水、土壤等环境要素和植物、动物、微生物等生物要素的不利改变，及上述要素构成的生态系统功能的退化。而对于“环境、生物要素不利改变或生态系统功能退化”等损害范围、损害类型、事实因果关系等客观事实，需由鉴定评估机构根据自然科学（主要是环境科学）进行鉴定评估才符合学科划分的专业性认知理性。因此，鉴定评估意见是认定生态环境损害的重要依据，其目的在于努力还原构建“相对真实”的损害事实。根据《最高人民法院关于审理生态环境损害赔偿案件的若干规定（试行）》第十条之规定，当事人诉前委托具备环境司法鉴定资质的鉴定机构出具的鉴定意见，经质证并符合证据标准的，可以作为认定案件事实的根据。鉴定意见乃证据之一，法官对鉴定意见进行全面、客观的审查是形成内心确信的基本前提条件，所谓“全面、客观”就是要审查可能影响鉴定意见可靠性、准确性的各种因素。案涉司法鉴定书认定，石某开采砂岩造成原有植被全部丧失，毁坏林地面积19余亩，被毁林地综合损失为270余万元。通过审查，案涉鉴定机构具有环境司法鉴定资质，鉴定过程科学规范，鉴定机构以及鉴定人员近年未发生违法行为等影响鉴定意见可靠性和准确性的其他因素，因此，案涉鉴定意见可以作为认定损害事实的依据。

其次，生态环境损害额的确定是生态环境损害赔偿诉讼中的重大疑难问题。盖因损害额的定量研究一般被理解为环境科学或者环境经济学的范畴。《中华人民共和国民法典》第一千二百三十五条规定了赔偿损失的具体范围，至于各个赔偿项目额应如何量化，尤其在生态环境无法修复时应如何评估被损坏的生态环境的经济价值，这显然超出了自然科学的范畴，更偏向于价值判断，需要法官通过一定的司法裁判技术来确认和量化赔偿额，而法官通过对生态环境损害的鉴定意见或评估报告的司法审查来确定生态损害赔偿额系司法实践中较为常见的做法。案涉鉴定意见认定，森林植被恢复费用为12余万元、林地补偿费用为20余万元、植被恢复治理费用为240余万元。经审查该鉴定意见，其确定的植被恢复治理费用有合理项目名称及相关计算标准明细，系在考虑受损环境的实际情况后，根据重庆市相关地方计价标准核算得出，相关材料价格参考重庆市市场价，符合受损环境修复的客观实际，可以作为认定生态修复费的依据。如果没有鉴定意见或评估报告，法官需要运用生态环境损害的量化评估方法认定生态环境损害额，该认定属于法官根据自由心证原则认定法律事实的裁量行为而非事实证明。法官根据有关专家意见，结合自身理解和自由裁量权确定损害在司法实践中也比较常见。

最后，关于案涉复绿保证金能否抵扣生态修复费用的问题。保证金是指为确保义务人履行某种法定或约定的义务而事先要求义务人缴纳一定数量的金钱，其作用在于当义务人未履行所担保之义务或履行不符时，法院或行政主管部门可使用该款项代为履行或承担责任。笔者认为，行政管理领域中的强制性修复保证金通常适用于自然资源开发利用合同的担保，因为自然资源的开发利用通常会造成一定程度的生态环境破坏，为确保自然资源的可持续开发利用及其后的生态系统及服务功能恢复，法律在赋予当事人自然资源开发使用权的同时，对其科以生态环境修复义务，强制其事先缴纳一定数量的修复保证金。因此，在行政管理领域，任何权利主体在依法负担生态修复义务时原则上皆须缴纳相当于履行该生态修复义务所需费用的保证金。案涉复绿保证金系石某履行合同的生态修复义务的担保，缴纳对象为案涉区域集体经济组织，石某对案涉复绿保证金的有关权利根据合同相对性原则应向案涉区域的集体经济组织主张，因此，案涉复绿保证金与石某所应承担的生态修复费用的性质不同，法律关系亦不同，本案不予审查符合法律规定。

本案裁判明确了非法采矿造成生态环境损害的认定规则，结合鉴定确定了具体的生态修复费用，正确区分了赔偿款和复绿保证金的性质，明确相互不能抵扣，具有类案指导价值。

编写人：重庆市第五中级人民法院　冉崇高　张娇东

七、生态环境保护公益诉讼

31

对不依规处置危险废物的单位和个人推定污染环境的事实成立

——某区人民检察院诉轴承公司、马某和环境污染民事公益诉讼案

【案件基本信息】

1. 裁判书字号

江苏省江阴市人民法院（2021）苏0281民初559号民事判决书

2. 案由：环境污染民事公益诉讼

3. 当事人

公益诉讼起诉人：某区人民检察院

被告：轴承公司、马某和

【基本案情】

轴承公司主要从事轴承、齿轮、机械零部件等的制造、加工销售，其环境影响报告表载明磨加工过程中产生的废油泥、废润滑油均属危险废物，应收集后交由相关危废资质单位处理。2017—2019年间，该公司副总经理胡某联系无危险废物处置资质的个体废品收购人员马某和收废油泥、废润滑油，根据该公司制作的危险废物台账记录，收购的废油泥合计2.451吨、废润滑油合计23.9

公斤。马某和收取上述废油泥、废润滑油后，又转售给其他回收废品的个人，该人已无法查找，其出售的废油泥、废润滑油去向不明。

2020 年 6 月 30 日，某区人民检察院委托专家组对轴承公司、马某和非法处置危险废物一案开展论证咨询工作，专家组出具了环境污染损害咨询意见，认为：废润滑油、废油泥为危险废物，轴承公司和马某和未能依法合理处置的 2.451 吨废油泥、23.9 公斤废润滑油中含有的有毒有害物质未能得到有效控制，尚未处理的有毒有害物质进入了外环境，对外环境造成了污染，形成生态环境损害事实；由于本案非法处置废润滑油和废油泥造成外环境污染的环境介质主要体现在土壤、地表水、地下水等方面，土壤、地表水、地下水对应的环境敏感系数分别为 3~7 倍、2~5 倍、3~7 倍，确定最终的适宜虚拟治理成本倍数为 5~7 倍。经专家组计算，该案所涉环境损害数额为 15 万~21 万元。某区人民检察院支付专家费用 10800 元。

【案件焦点】

1. 案涉危险废物有无对外环境造成污染致生态环境受损；2. 生态环境损害修复费用如何认定。

【法院裁判要旨】

江苏省江阴市人民法院经审理认为：轴承公司未严格按照危险废物规范化处置要求，将案涉危险废物交由无处置资质的马某和处理，马某和又交给无资质的收废品个人处置，最终导致案涉危险废物去向不明，存在污染环境甚至危害人身财产安全的极大风险。根据《最高人民法院关于审理环境民事公益诉讼案件适用法律若干问题的解释》第十三条“原告请求被告提供其排放的主要污染物名称、排放方式、排放浓度和总量、超标排放情况以及防治污染设施的建设和运行情况等环境信息，法律、法规、规章规定被告应当持有或者有证据证明被告持有而拒不提供，如果原告主张相关事实不利于被告的，人民法院可以推定该主张成立”之规定，本案应当推定案涉危险废物被非法处置并污染了环境的事实成立。轴承公司、马某和对造成的生态环境损害，应当承担赔偿责任。

二者的行为均系生态环境遭受损害的必要条件，构成共同侵权，应当承担连带责任。

因排放污染物的事实存在，但环境损害的事实系推定的事实，实际损害事实并不明确，专家根据相关技术文件的规定，采用虚拟治理成本法评估确定生态环境损害数额，符合相关法律规定。某区人民检察院主张适用的虚拟治理成本倍数为5倍，符合环境保护部[①]办公厅《关于生态环境损害鉴定评估虚拟治理成本法运用有关问题的复函》之附件《关于虚拟治理成本法适用情形与计算方法的说明》中规定的“当不同环境介质受影响的程度相同时，环境敏感系数取高值”的原则，从有利于充分保护环境公共利益等角度出发，法院对生态环境损害修复费用15万元予以认定。专家咨询费用属于生态环境损害调查、鉴定评估产生的合理费用，应当予以支持。

江苏省江阴市人民法院依照《中华人民共和国侵权责任法》第八条、第六十五条，《最高人民法院关于审理环境民事公益诉讼案件适用法律若干问题的解释》第十八条、第二十条第一款、第二十二条第一项，《最高人民法院、最高人民检察院关于检察公益诉讼案件适用法律若干问题的解释》第十三条第一款、第二款，《最高人民法院关于适用〈中华人民共和国民法典〉时间效力的若干规定》第一条第二款，《中华人民共和国民事诉讼法》第六十四条第一款规定，判决如下：

一、轴承公司、马某和应赔偿生态环境损害修复费用15万元，该款于本判决发生法律效力之日起十日内直接支付至某区人民检察院指定的环境公益赔偿专户；

二、轴承公司、马某和应于本判决发生法律效力之日起十日内支付某区人民检察院咨询费10800元。

判决后，双方当事人均未上诉，本判决现已生效。

---

① 2018年3月，第十三届全国人民代表大会第一次会议批准了《国务院机构改革方案》，组建生态环境部，不再保留环境保护部。下文不再对此进行提示。

【法官后语】

本案系因非法处置危险废物引发的环境污染民事公益诉讼。审理中，法院通过坚持最严格的环境污染损害赔偿和生态补偿、修复标准，判处两被告承担虚拟环境治理费用、专家咨询费用，促使受污染环境得到有效治理，加大对固体废物污染等行为惩治力度，切实落实损害担责、全面赔偿原则。

首先，根据《中华人民共和国民法典》第一千一百二十九条的规定，环境污染、生态破坏民事责任适用无过错归责原则，同时，基于环境污染侵权行为的复杂性，从有利于实现社会公平正义的目的出发，《中华人民共和国民法典》第一千二百三十条进一步规定，在因污染环境、破坏生态发生纠纷时，行为人应当就法律规定的不承担责任或者减轻责任的情形及其行为与损害之间不存在因果关系承担举证责任。即环境污染、生态破坏受害人仅应对侵权行为和损害事实承担举证责任，而将免责、减责事由和因果关系的举证责任分配给行为人。

其次，在环境污染受害人对污染行为、损害事实承担举证时，现代企业的高度专业化和复杂化，有关侵权行为的核心数据通常难以被受害方掌握，又因污染行为的潜伏性和渐进性等特点，受害方有时也难以提供污染发生的具体时间、方式等切实证据，因此负有证明责任的环境污染受害人往往无法举证。对此，《最高人民法院关于审理环境民事公益诉讼案件适用法律若干问题的解释》第十三条又作了特殊的推定规定。这是因为，根据《中华人民共和国固体废物污染环境防治法》等法律法规，我国对固体废物污染环境防治坚持污染担责的原则；针对危险废物实行危险废物转移联单制度，申报登记危险废物的流向、处置情况等，是危险废物产生单位的法定义务；如实记载危险废物的来源、去向、处置情况等，是危险废物经营单位的法定义务；产生、收集、贮存、运输、利用、处置危险废物的单位和个人都是危险废物污染环境的责任主体，均应设置危险废物识别标志，均有采取措施防止危险废物污染环境的法定义务。在此情况下，若各责任主体严格落实其主体责任，对危险废物产生、收集、贮存、运输、利用、处置等过程进行严格管理，则其必然可通过实施危险废物管理计划和申报制度等实现危险废物从产生到最终处置全过程的跟踪，以此便可免除其自身的法律风险。若相关责任主体未能严格履行上述法定义务，则其对危险废物污染环境的待证事实就应当承担举证不能的不利后果。这与《最高人民法院关于适用〈中华人民共和国民事诉讼法〉的解释》第一百一十二条“书证在对方当事人控制之下的，承担举证证明责任的当事人可以在举证期限届满前书面申请人民法院责令对方当事人提交……对方当事人无正当理由拒不提交的，人民法院可以认定申请人所主张的书证内容为真实”以及《最高人民法院关于民事诉讼证据的若干规定》第四十八条“控制书证的当事人无正当理由拒不提交书证的，人民法院可以认定对方当事人所主张的书证内容为真实……”等规定之法理内涵是一致的。本案中，轴承公司、马某和非法转移危险废物，不能说明案涉危险废物的处置情况，没有采取措施防止案涉危险废物污染环境，致使危险废物去向不明，存在污染环境甚至危害人身财产安全的极大风险。在此情况下，应当推定案涉危险废物被非法处置并污染了环境的事实成立。这进一步体现了环境侵权法律法规对污染者举证责任的加强，有利于落实对危险废物的全过程监管，进而防止危险废物非法转移事件的发生，实现危险废物污染环境的防治。

最后，本案环境损害的事实系推定的事实，非法处置废油泥、废润滑油实际损害的环境介质及环境功能区类别不明，可能损害的环境介质包括土壤、地表水或地下水中的一种或多种，实际损害事实不明确。而修复受损生态环境的前提之一就是要确定因环境污染对生态环境所造成的损害，为解决此类难题，虚拟治理成本法作为环境价值评估方法之一应运而生。环境保护部办公厅《环境损害鉴定评估推荐方法（第Ⅱ版）》中定义虚拟治理成本是按照现行的治理技术和水平治理排放到环境中的污染物所需要的支出。其逻辑思路即如果污染物在排放之前进行了无害化处理，那么再排放至生态环境之中就不会导致生态环境的破坏，因此修复环境污染所造成的生态损害，其成本至少为对污染物排放前的处理成本。虚拟治理成本法适用于环境污染所致生态环境损害无法通过恢复工程完全恢复、恢复成本远远大于其收益或缺乏生态环境损害恢复评价指标的情形。本案中，专家根据相关技术文件的规定，采用虚拟治理成本法评估生态环境损害数额，符合法律规定。而不同的环境介质、不同的环境功能区类别，其所对应的环境功能区敏感系数不同，存在2～7倍等多种可能。某区人民检察院主张适用的虚拟治理成本倍数为5倍，处于环境敏感系数的中位，符合《关于虚拟治理成本法适用情形与计算方法的说明》中规定的“当不同环境介质受影响的程度相同时，环境敏感系数取高值”的原则，同时也体现了对逃避国家监管、非法转移处置危险废物违法行为的适度惩罚。从有利于充分保护环境公共利益等角度出发，本案对生态环境损害修复费用15万元予以认定。

本案坚持最严格的环境污染损害赔偿和生态补偿、修复标准，加大对固体废物污染等行为惩治力度，通过判处污染者承担虚拟环境治理费用、专家咨询费用，使受污染环境得到有效治理，切实落实损害担责、全面赔偿原则。

编写人：江苏省江阴市人民法院　沈金锋　孙妍　沈琪晔

32

破坏生态行为发生地的认定

——某基金会诉李某督等环境污染民事公益诉讼案

【案件基本信息】

1. 裁判书字号

广东省高级人民法院（2020）粤民终2416号民事裁定书

2. 案由：环境污染民事公益诉讼

3. 当事人

起诉人（上诉人）：某基金会

被告：李某督、钟某林、黄某珍

【基本案情】

李某督自2017年1月至2018年1月，多次从其上线王某增处收购国家二级保护动物穿山甲，然后分别加价转卖给钟某林、黄某珍等人，交易地点包含李某督在广东省清远市的店铺及买家所在地等。李某督、钟某林、黄某珍等人已经湖南省新邵县人民法院（2019）湘0522刑初25号刑事判决及湖南省邵阳市中级人民法院（2019）湘05刑终477号刑事裁定判处刑罚。某基金会向广东省清远市中级人民法院提起公益诉讼，要求李某督、钟某林、黄某珍等人承担生态环境损害赔偿责任。

【案件焦点】

广东省清远市中级人民法院对本案是否具有管辖权。

【法院裁判要旨】

广东省清远市中级人民法院经审理认为：某基金会提起环境民事公益诉讼，应向有管辖权的人民法院提出。某基金会本次起诉的李某督、钟某林、黄某珍的住所地不在一审法院环境民事公益诉讼管辖地区范围内，某基金会亦未能进一步补充足以证明该案所涉破坏生态行为发生地或损害结果地位于一审法院环境民事公益诉讼管辖地区范围的相关证据，故从现有证据来看，一审法院对本案不具有管辖权。

广东省清远市中级人民法院裁定如下：

对某基金会的本次起诉不予受理。

某基金会不服一审裁定，提起上诉。广东省高级人民法院经审理认为：《最高人民法院关于审理环境民事公益诉讼案件适用法律若干问题的解释》第六条第一款规定："第一审环境民事公益诉讼案件由污染环境、破坏生态行为发生地、损害结果地或者被告住所地的中级以上人民法院管辖。"根据《中华人民共和国野生动物保护法》的相关规定，未经批准许可，禁止对国家重点保护野生动物实施猎捕、杀害、出售、购买、利用、运输、携带、寄递等行为，故未经批准许可实施上述行为的，任一行为实施地均应认定为破坏生态行为发生地。本案中，根据另案刑事判决查明的事实，李某督在清远市经营店铺期间，多次收购国家重点保护动物穿山甲，并在清远等地分别转卖给他人。现有证据能够初步证明李某督在清远市从事非法收购、出售穿山甲的行为，故清远市为本案破坏生态行为发生地之一。根据《广东省高级人民法院关于调整环境民事公益诉讼集中管辖法院及管辖区域范围的通知》的规定，清远市中级人民法院为具有一审环境民事公益诉讼案件管辖权的法院。因此，某基金会以李某督、钟某林、黄某珍等人的违法行为导致穿山甲灭失，侵害了生态环境公共利益为由，向一审法院提起环境民事公益诉讼，符合有关规定。一审法院认为其对本案不具有管辖权，对基金会的起诉不予受理，属于初步审查事实不清，应予以纠正。某基金会的上诉请求成立，予以采纳。

广东省高级人民法院依照《中华人民共和国民事诉讼法》第一百七十一条、《最高人民法院关于适用〈中华人民共和国民事诉讼法〉的解释》第三百三十二条规定，裁定如下：

一、撤销广东省清远市中级人民法院民事裁定；

二、本案指令广东省清远市中级人民法院立案受理。

【法官后语】

本案是因贩卖穿山甲而被环境保护组织起诉的涉野生动物保护环境公益诉讼案，具有如下参考价值：

首先，本案确立了生物多样性领域环境民事公益诉讼的地域管辖规则。对于第一审环境民事公益诉讼案件的管辖法院，《最高人民法院关于审理环境民事公益诉讼案件适用法律若干问题的解释》第六条第一款作出规定，由污染环境、破坏生态行为发生地、损害结果地或者被告住所地的中级以上人民法院管辖。本案争议焦点即为如何正确理解与适用“破坏生态行为发生地”。在涉野生动物保护案件中，法院可能会对这一问题的理解产生偏差，将破坏生态行为发生地限定为猎捕、杀害行为的实施地。根据《中华人民共和国野生动物保护法》的相关条文，国家针对重点保护野生动物作出一系列禁止性规定，即未经批准许可，禁止实施猎捕、杀害、出售、购买、利用、运输、携带、寄递等行为，故实施上述禁止性行为，均属于破坏生态行为。本案中，李某督在广东省清远市多次购买国家重点保护动物穿山甲，并出售给钟某林、黄某珍，故清远市为本案破坏生态行为发生地之一，清远市中级人民法院对本案具有管辖权，故广东省高级人民法院指令该院立案受理。本案的依法处理，确立了以下裁判规则：未经批准许可实施猎捕、杀害、出售、购买、利用、运输、携带、寄递等行为的，任一行为实施地均应认定为破坏生态行为发生地。该裁判规则对于准确理解与认定破坏生态行为发生地具有参考意义。

其次，本案完善了环境民事公益诉讼地域管辖的规则体系。由于民事案件与刑事案件在事实认定和法律适用方面有较大的差异，因此环境民事公益诉讼的管辖不能当然引用或比照刑事案件的管辖规定，应从相应的生态环境保护部门法找寻依据。本案以规范破坏具体生态行为的部门法，作为认定破坏生态行为发生地的依据，完善了环境民事公益诉讼地域管辖的规则体系，对其他民事公益诉讼乃至一般侵权案件的管辖都有示范意义。

最后，本案通过司法案例有效保障了社会组织的公益诉权。本案的正确处理，对激发社会组织提起环境公益诉讼的积极性具有一定的促进作用，是贯彻落实以最严格制度最严密法治保护生态环境理念的司法典范。

编写人：广东省高级人民法院　羊琴　范兴龙

33

生态环境领域惩罚性赔偿可适用劳务代偿方式

——某市人民检察院诉艺术鉴赏中心生态破坏民事公益诉讼案

【案件基本信息】

1. 裁判书字号

山东省青岛市中级人民法院（2021）鲁 02 民初 69 号民事判决书

2. 案由：生态破坏民事公益诉讼

3. 当事人

公益诉讼起诉人：某市人民检察院

被告：艺术鉴赏中心

【基本案情】

艺术鉴赏中心系经营餐饮服务的个体工商户，其在未依法取得收购、出售野生动物行政许可的情况下，先后购入大王蛇3条、穿山甲1只、熊掌4只，并将部分野生动物做成菜品销售。案发后，公安机关从艺术鉴赏中心查获大王蛇1条、熊掌1只。经司法鉴定中心鉴定，大王蛇为孟加拉眼镜蛇，被列入《国家保护的有益的或者有重要经济、科学研究价值的陆生野生保护动物名录》；熊掌为棕熊熊掌，棕熊被列入《国家重点保护野生动物名录》二级；穿山甲于2020年6月被确定为国家一级保护野生动物。按照《野生动物及其产品（制品）价格认定规则》《野生动物及其制品价值评估方法》《陆生野生动物基准价值标准目录》的规定，艺术鉴赏中心上述行为造成的野生动物损失为83000元。专家意见认定艺术鉴赏中心非法收购、出售涉案珍贵、濒危野生动物的行为造成生态环境服务功能损失907500元。

案件审理过程中，经公益诉讼起诉人提出劳务代偿方案建议，艺术鉴赏中心签署了劳务代偿同意书，同意本案部分惩罚性赔偿以劳务代偿方式履行。

【案件焦点】

1. 侵权人非法收购、出售珍贵、濒危野生动物，造成野生动物损失、生态环境服务功能损失等严重后果的，是否承担相应的惩罚性赔偿；2. 是否可判决侵权人以提供有益于生态环境公共利益保护的劳动方式承担全部或部分惩罚性赔偿责任。

【法院裁判要旨】

山东省青岛市中级人民法院经审理认为：人类、野生动物及其他物种相互依存，共同维护着自然界的稳定、和谐和发展，保护野生动物、维护生物多样性就是保护人类自己。穿山甲、棕熊及孟加拉眼镜蛇均为珍贵、濒危野生动物，除其自身价值外，对保护生物多样性、维护生态系统平衡具有重要作用。艺术鉴赏中心虽然不是穿山甲、棕熊、孟加拉眼镜蛇的直接猎杀者，但其实施收购、出售的行为为猎杀珍贵、濒危野生动物提供了动机和市场，其违法行为对于生态环境损害具有直接的因果关系，依照《最高人民法院关于审理环境民事公益诉讼案件适用法律若干问题的解释》第十八条“对污染环境、破坏生态，已经损害社会公共利益或者具有损害社会公共利益重大风险的行为，原告可以请求被告承担停止侵害、排除妨碍、消除危险、恢复原状、赔偿损失、赔礼道歉等民事责任”的规定，应承担相应民事责任。艺术鉴赏中心收购、出售珍贵、濒危野生动物的主观故意明显，其行为导致珍贵、濒危野生动物的减少，加深了其濒危程度，破坏了生态资源和环境平衡，造成严重后果，且对生态环境的损害后果在未修复前具有持续性的特点，依照《中华人民共和国民法典》第一千二百三十二条规定“侵权人违反法律规定故意污染环境、破坏生态造成严重后果的，被侵权人有权请求相应的惩罚性赔偿”，可判令其承担惩罚性赔偿。综合其主观故意、危害后果以及在本案中悔改态度较好，愿意提供生态环境公益劳动，以自己实际行动保护生态环境等情节，酌情判令其承担惩罚性赔偿99050元。惩罚性赔偿具有惩罚和遏制不法行为的多重功能，对预防同类型损害发生具有十分重要的意义。在与被告协商一致的情况下，由被告以提供生态环境公益劳动的方式承担全部或者部分惩罚性赔偿，有利于发挥惩罚性赔偿制度惩罚和教育的功能，有利于督促被告参与生态环境保护和预防同类型损害的发生。在法院主持下，艺术鉴赏中心与公益诉讼起诉人协商一致，愿意以提供生态环境公益劳务的方式承担全部或者部分惩罚性赔偿。生态环境公益劳动的工作量应相当于其折抵的惩罚性赔偿，可以参照上一年度青岛市职工年平均工资作为折算标准，即（职工年平均工资75806元÷365天）×劳务代偿拟定时限60天×2人=24924元。劳务代偿工作由法院确定的协执单位某区司法局管理和指导，公益诉讼起诉人可以对劳务代偿进行监督，如被告未能提供生态环境公益劳动，或者提供的生态环境公益劳动未能经法院审核通过，则仍应承担判决确定的相应惩罚性赔偿责任。综上，公益诉讼起诉人的诉讼请求有事实和法律依据，提供的劳务代偿方案合理，予以支持。

山东省青岛市中级人民法院依照《中华人民共和国民法典》第一千二百三十二条、第一千二百三十五条，《最高人民法院关于审理环境民事公益诉讼案件适用法律若干问题的解释》第十八条及《中华人民共和国民事诉讼法》第五十五条规定，判决如下：

一、被告艺术鉴赏中心于本判决生效之日起十五日内赔偿破坏生态行为造成的野生动物损失 83000 元、生态环境服务功能损失 907500 元。

二、被告艺术鉴赏中心承担惩罚性赔偿 99050 元。其中 74126 元于本判决生效之日起十五日内缴纳；24924 元以艺术鉴赏中心指定二人每人提供六十日生态环境公益劳动的方式承担，由法院指定协执单位某区司法局管理和指导，最迟于 2022 年 1 月 28 日前完成。如艺术鉴赏中心未提供生态环境公益劳动或提供的生态环境公益劳动未能经法院审核通过，则应在法院审核之日起十五日内承担惩罚性赔偿 24924 元。

三、被告艺术鉴赏中心于本判决生效之日起十五日内在全国性媒体上公开赔礼道歉（媒体和内容由法院审定，若被告不履行，法院将公开刊登本判决，费用由被告负担）。

四、专家意见费 15150 元，由被告艺术鉴赏中心负担。

判决后，双方当事人均未上诉，本判决现已生效。

【法官后语】

《中华人民共和国民法典》第一千二百三十二条规定“侵权人违反法律规定故意污染环境、破坏生态造成严重后果的，被侵权人有权请求相应的惩罚性赔偿”，是在消费者权益保护法、劳动法及知识产权领域之外，把生态环境领域侵权行为纳入惩罚性赔偿范围。惩罚性赔偿不同于传统填补性赔偿的方式，旨在对故意造成严重后果的侵权行为加重制裁，具有惩罚和遏制不法行为的多重功能，对预防同类型损害发生具有十分重要的意义。根据现行法律法规规定，劳务代偿是生态环境民事公益诉讼替代性修复的一种方式，是在生态环境修复已无可能或者没有必要修复的情况下，责令侵权人提供一定数量的生态环境公益劳动，进行替代性修复。在审判实践中，劳务代偿可适用于两种情形：一是侵权人确有悔改表现，且因经济困难或其他原因无法履行损害赔偿责任的情形；二是侵权人的违法行为存在故意并造成严重后果判令其承担惩罚性赔偿的，结合具体案情及审判效果，确定侵权人适宜以劳务代偿方式履行全部或部分惩罚性赔偿的情形。本案属于第二种情形。本案不但是《中华人民共和国民法典》生效后对生态环境民事公益诉讼领域适用惩罚性赔偿的有益尝试，还将替代性劳务代偿引入惩罚性赔偿的履行中，发挥了遏制不法行为与预防警示教育的双重作用，对于实现环境资源审判“三个效果”（政治效果、社会效果、法律效果）相统一有借鉴意义。

1. 在生态环境民事公益诉讼领域适用惩罚性赔偿应当准确把握三个前提。

惩罚性赔偿不同于普通环境侵权，其赔偿数额更高，具有普通环境侵权不具备的惩罚功能，故其构成要件更为严格，其适用应当同时具备以下要件。

第一，侵权人具有主观故意。目前，在环境侵权的认定方面，我国适用的是无过错原则，主要以停止侵害、排除妨碍、消除危险、修复生态环境、赔偿损失、赔礼道歉等方式弥补受害者的损失。鉴于惩罚性赔偿的严厉性，是针对恶意的、在道德上具有可非难性的行为而实施的特殊法律救济措施，属于损害补偿原则的例外，应当以侵权人的主观故意为要件，包括直接故意和间接故意。“故意”作为一种主观状态，难以直接证明，一般可以通过侵权人的行为来认定，如侵权人多次非法排污并受到行政机关处罚、侵权人将未经处理的废水废气废渣直接排放或者倾倒、侵权人在正常排污设施外未经批准私设暗管、侵权人猎杀或出售大众所熟识的珍贵动物等，这些都能证明侵权人对其行为所可能造成的后果是故意为之或者放任严重后果的发生。

第二，侵权人的行为具有违法性。行为违法性是指侵权人的行为违反了法律法规的具体规定。比如，企业的排污行为只要符合国家环境行政法律法规的要求，从行政法的角度来看就是合法的，企业的正常生产经营活动是社会正常发展所必需的，应当为法律所保护和鼓励。再如，猎捕非珍贵、濒危野生动物进行圈养，或遵守狩猎法规进行合法狩猎的行为，虽可能对生态环境造成一定影响但未违反法律法规规定，这种情况仅可要求其承担“同质补偿”的民事责任。

第三，侵权行为造成严重后果。惩罚性赔偿在适用上应当遵循谦抑原则，聚焦损害后果严重的侵权行为，即已破坏生态环境或可能对生态环境造成严重损害甚至不可逆转损害的侵权行为。《中华人民共和国侵权责任法》第四十七条规定：“明知产品存在缺陷仍然生产、销售，造成他人死亡或者健康严重损害的，被侵权人有权请求相应的惩罚性赔偿。”该条第一次明确在民法中引入惩罚性赔偿概念，确立了“严重损害”的后果标准。本案中，通过司法鉴定中心鉴定及委托专家出具专家意见，明确了侵权人造成的野生动物损失为83000元、生态环境服务功能损失907500元，符合“造成严重后果”的要件。在司法实践中，可以通过行政主管部门意见、专家意见等方式确定侵权行为对生态环境造成损害的数额，从而科学合理判断是否造成严重后果。

2. 合理确定惩罚性赔偿金额。

关于生态环境民事公益诉讼中惩罚性赔偿金额的确定，鉴于惩罚性赔偿的功能在于剥夺侵权人非法获得的利益而实现社会的一般预防，也就决定了不宜用统一的标准或数额来限定，而应由法院根据具体案情作出裁量。如果惩罚性赔偿金额过低，对违法犯罪行为起不到加重责任及警示威慑作用；如果惩罚性赔偿金额过高则可能不符合公平公正原则，也可能导致无法执行、案件空判。

从当前司法实践看，已生效判决在惩罚性赔偿引入生态环境民事公益诉讼之初做法可能比较谨慎。如某县人民检察院诉化工公司环境污染民事公益诉讼一案①，判令该公司赔偿的修复费、环境功能性损失费等费用共计280余万元，惩罚性赔偿金为17余万元，约为赔偿费用的6%。

① 某县人民检察院诉化工公司环境污染民事公益诉讼案，载江西省浮梁县人民法院网，http://flxfy.jxfy.gov.cn/article/detail/2022/03/id/6574125.shtml，最后访问时间：2023年3月8日。

本案中，经鉴定，侵权人造成的野生动物损失和生态环境服务功能损失共计990500元，本身已经是巨大的金额，仅交纳此项就会给民营企业造成很重的负担，遂综合考虑其对自身侵权行为无异议、积极悔改，愿意提供生态环境公益劳动，以自己实际行动保护生态环境等情节，酌情判令其承担造成的野生动物损失和生态环境服务功能损失的十分之一作为惩罚性赔偿金。因此，惩罚性赔偿金的计算需要考虑多个因素，应当结合侵权人的主观恶性程度，侵权人违法行为的严重性、频率，侵权人因该行为所获得的利益，损害后果的严重性，侵权人的生产经营情况和执行能力，侵权人是否积极采取补救措施，侵权人受到刑事罚金、行政处罚，受案法院所在地的平均生活水平，案件的社会效果等情况进行综合考虑。

3. 劳务代偿在生态环境民事公益诉讼惩罚性赔偿中适用的可行性。

《最高人民法院关于审理环境民事公益诉讼案件适用法律若干问题的解释》第二十条第一款规定："原告请求修复生态环境的，人民法院可以依法判决被告将生态环境修复到损害发生之前的状态和功能。无法完全修复的，可以准许采用替代性修复方式。"《最高人民法院关于审理环境公益诉讼案件的工作规范(试行)》第三十三条规定："对于因污染大气、水等具有自净功能的环境介质导致生态环境损害，原地修复已无可能或者没有必要的，人民法院可以判决被告支付生态环境修复费用，采取区域环境治理、劳务代偿、从事环境宣传教育等替代性修复方式。"以上规定为劳务代偿在生态环境民事公益诉讼中的适用提供了依据和指引，劳务代偿作为替代性修复的一种方式，已广泛应用于生态环境损害修复中。

目前，在生态环境民事公益诉讼中适用劳务代偿，一般以"同质补偿"为原则，履行的是修复责任，即补偿性赔偿。区别于修复责任，惩罚性赔偿带有对侵权行为主观恶性的惩戒色彩，让侵权人承担补偿性赔偿之外的、超出实际损害数额的赔偿，本案是在惩罚性赔偿中适用劳务代偿的首次创新与尝试。关于在惩罚性赔偿中适用劳务代偿的可行性，作出如下分析。

第一，有助于提升侵权人履行赔偿责任的积极性。生态环境案件仅补偿性赔偿部分就包括生态环境功能损失、清除污染和修复生态费用、鉴定评估费等，数额一般较大，再加上补偿性赔偿之外的惩罚性赔偿部分，对有的侵权人来说无疑是沉重的负担，其对判决的履行也容易持消极被动的态度。通过侵权人签署惩罚性赔偿劳务代偿同意书并与公益诉讼起诉人达成一致，以侵权人提供有益于生态环境保护的劳务承担全部或部分惩罚性赔偿，不但彰显了司法温度，还可以适当减轻侵权人资金方面的负担，推进其对惩罚性赔偿的履行。

第二，有利于增强惩罚性赔偿的可执行性。以保护生态环境公益为出发点，劳务代偿的方式有植树造林、救助动物、生态环境公益宣传等多种方式。与之相对应，行政部门如林业部门有绿化造林、森林资源保护等职能，动物救助站以开展救助野生动物、保护动物栖息地为主要工作，司法局有组织实施普法教育的职能，这些单位有相关的专业知识和具体的岗位需求。选取与之相对应的行政部门或社会组织作为协助执行单位，由这些单位具体安排侵权人的劳务代偿方案、对劳务代偿行为进行指导，并定期向公益诉讼起诉人及法院反馈，更能推进惩罚性赔偿的落实，确保执行效果。本案中，判决由艺术鉴赏中心用劳务代偿方式承担部分惩罚性赔偿并选取某区司法局作为协执单位，某区司法局在日常普法工作中，根据需要安排劳务代偿人参加了环保法治宣传、市民法律学习开放日等活动，协助执行积极性高、效果良好。

第三，可以实现惩罚性赔偿“三个效果”相统一。通过以劳务代偿方式履行部分惩罚性赔偿，具有惩罚与遏制不法行为的多重功能，可以充分发挥对预防同类型损害发生的重要功效。本案宣判后，艺术鉴赏中心在劳务代偿协执单位的组织下参与了对当地30多家餐饮企业宣讲野生动物保护知识的活动，出售野生动物的直接责任人在活动发言中表达了深刻的反省，提升了社会公众和餐饮机构保护野生动物的法治意识，达到“审理一案，教育一片”的社会效果。

4. 在生态环境民事公益诉讼惩罚性赔偿中适用劳务代偿应注意的问题。

鉴于惩罚性赔偿中的劳务代偿是以对侵权人实施惩罚和追求一般抑制效果为目的，加重侵权人负担、使其承担一般损害修复之外的责任，应当区别于一般民事公益诉讼中的劳务代偿，在适用中应进行严格审查，并对过程及效果进行全程监督和确认。

第一，劳务代偿的审查和原则。惩罚性赔偿中的劳务代偿是经检察机关或法律规定的其他机关、有关组织请求相应的惩罚性赔偿，与侵权人协商一致采用劳务代偿方式后，法院可以判决侵权人以提供有益于生态环境公共利益保护的劳动方式承担惩罚性赔偿责任，法院在审查时应当考虑多方面因素，不但应审查是否具备违法、故意并造成严重后果三要件，还应审查是否适宜采用劳务代偿的履行方式。不适宜采取劳务代偿的情形包括侵权人明确表示不愿以劳务代偿方式履行、因身体或地域等原因不适宜进行劳务代偿、劳务代偿效果不及直接交纳惩罚性赔偿金等。劳务代偿方式应符合生态环境公共利益保护目的，并根据具体案情及侵权人的自身条件、是否具有相关专业技能、相关行政部门或社会组织对生态环境保护的需求等情况综合考量后予以确定。

第二，劳务代偿协执单位的选定。由于劳务代偿的方案、实施与履行直接决定了惩罚性赔偿的落实，在选择协执单位时应采用“一案一单位”的方式，遵循公开、公平、公正的原则谨慎选择。劳务代偿协执单位应由公益诉讼起诉人与法院共同确定，应为服务社会的公益性组织、相关行政机关、社区基层组织或其他适宜协助执行劳务代偿的机构或场所等，综合考量具体案情、侵权人自身条件、协执单位具体情况等因素协商确定。

第三，劳务代偿的实施。劳务代偿方式、工时、期限等具体问题由法院确定，公益诉讼起诉人可提出参考建议，以上一年度本市社会职工年平均工资为计算标准，根据侵权人应履行的赔偿金额确定劳务代偿期限。法院在裁判文书中对劳务代偿事宜进行明确，并以同意书、告知书等方式与侵权人、协执单位等予以确认，为劳务代偿的开展提供依据。协执单位应结合实际工作需求为侵权人合理安排工作内容，如实记录工时完成情况，定期反馈工作进度；公益诉讼起诉人有权对劳务代偿开展情况实行全程监督，定期了解进展情况，听取协执单位反馈意见，适时进行实地走访，将监督情况及时向法院反馈。

第四，劳务代偿的进展与终结。劳务代偿过程中，侵权人出现无故迟到早退、消极怠工、不服从管理等情形，经法院警告仍不悔改的，听取公益诉讼起诉人意见后，法院可以决定终结劳务代偿工作，按照裁判文书确定的方式继续支付惩罚性赔偿金。劳务代偿履行完毕后，法院应当制作劳务代偿履行完毕的通知书，并送达劳务代偿人、协执单位、公益诉讼起诉人。

编写人：山东省青岛市中级人民法院　尤志春　王晓丹

34

检察机关提起环境民事公益诉讼是否以行政机关履行监督管理职责为前提

——某市人民检察院诉肖某开、肖某波生态环境损害责任民事公益诉讼案

【案件基本信息】

1. 裁判书字号

贵州省遵义市中级人民法院（2020）黔03民初391号民事判决书

2. 案由：生态环境损害责任民事公益诉讼

3. 当事人

公益诉讼起诉人：某市人民检察院

被告：肖某开、肖某波

【基本案情】

肖某开、肖某波为牟取利益，擅自占用位于某县境内的天然溶洞、河道及集体土地，违法修建山庄。修建过程中破坏了林地乔木、原生植被、土壤；为在溶洞内修建娱乐设施、酒窖等，破坏溶洞内地下河道及石芽、石柱、石钟乳等自然景观，增加消费者与穴居野生动物误接触传播病毒的风险；为占有自然资源及附属土地，修建围墙、大门等设施；山庄建成后，因与飞来石抵近，对

建筑物和消费者人身财产形成重大安全隐患；山庄支撑梁对溶洞暗河产生壅水作用，造成行洪不畅，冲毁路政设施，扩大洪灾影响程度。当地相关环境行政职能部门曾分别下达《停止违法行为通知书》要求肖某开、肖某波停止违法行为，但二人仍继续施工，建成山庄并对外营业。营业期间，肖某开、肖某波利用违建设施进行营利活动，并暗排生活污水与垃圾。经测绘与鉴定评估，违法建筑占地1807.2平方米，占用溶洞823.65平方米，对洞内景观造成严重破坏；硬化土地约2703平方米，对区域生态环境造成损害和阶段性污染。二人的行为破坏了生态环境和国家自然资源，影响占地区域行洪安全，损害了国家利益与社会公共利益。

2020年1月，贵州省习水县人民法院作出（2019）黔0330刑初309号刑事判决，认定肖某开犯寻衅滋事罪、妨害公务罪，肖某波犯寻衅滋事罪并判处相应刑罚。宣判后，肖某开、肖某波不服，提起上诉。2020年6月，贵州省遵义市中级人民法院作出（2020）黔03刑终181号刑事裁定（以下简称181号刑事裁定），对上述山庄修建过程及对生态环境造成的风险影响、损害后果等基本事实予以查明、确认，并裁定驳回上诉，维持原判。

某市人民检察院经公告后依法向贵州省遵义市中级人民法院提起环境民事公益诉讼，请求判令肖某开、肖某波履行生态修复义务，承担生态修复费用1606294.59元；赔偿排污致生态环境服务功能损失79613.8元；承担评估费用128000元；向社会公开赔礼道歉。

【案件焦点】

检察机关提起环境民事公益诉讼是否以行政机关履行监督管理职责为前提。

【法院裁判要旨】

贵州省遵义市中级人民法院经审理认为：因污染环境、破坏生态造成损害的，侵权人应当承担侵权责任。根据181号刑事裁定以及某市人民检察院提交来源于该案的其他相关证据，足以充分证明肖某波在未经行政机关批准，未取得合法用地、规划、建设、地质灾害评估、防洪评价等审批手续的情况下擅自占用山林土地、暗河溶洞违法违规修建案涉山庄，从事农家乐经营活动，客观造成岩壁周围土地、林木、溶洞、地下河等生态环境要素遭受严重破坏、阶段性局部污染等损害后果；肖某开与肖某波共同谋划商议开办山庄事宜，与肖某波共同贷款并提供担保，在山庄实际修建过程中利用身份提供帮助和便利，构成共同侵权，二人依法承担连带责任。肖某波开办的水产养殖基地和休闲避暑庄园的营业执照显示企业性质为个人独资企业而非有限责任公司，不具有完全独立承担民事责任的能力，肖某波作为投资人和建设经营者是实际侵权人，是适格的民事责任承担主体，其辩称应由开办的企业而非个人承担民事责任的意见不能成立；肖某开辩称山庄系由肖某波开办，其与山庄无关的意见与生效刑事裁定书认定事实不符。

贵州省遵义市中级人民法院依据《中华人民共和国土地管理法》第三十七条第二款、第四十四条第一款、第七十七条，《中华人民共和国森林法》第三十七条第一款，《中华人民共和国水法》第三十七条第二款，《中华人民共和国侵权责任法》第八条，《最高人民法院、最高人民检察院关于检察公益诉讼案件适用法律若干问题的解释》第十三条，《最高人民法院关于审理环境民事公益诉讼案件适用法律若干问题的解释》第十八条、第二十条、第二十一条、第二十二条规定，判决如下：

一、肖某开、肖某波委托具有专业资质的施工企业等第三方机构着手实施山庄及附属设备设施拆除和补植复绿等生态修复工程。正式施工前，应当制定施工方案并提交行政主管部门审核同意。施工范围、施工方式、修复内容等应当以地质大队作出的《地质环境损害及生态修复评估报告书》制定的修复方案为基本标准，在此基础上可根据实际情况作进一步优化。施工方案应当特别关注在案涉工程所处地质环境条件下安全施工，避免发生地质灾害和安全事故，减小施工对周围环境的影响。逾期未完成对外委托，则肖某开、肖某波应当立即向遵义市环境公益诉讼专项资金账户预付生态环境修复费1606294.59元。

二、肖某开、肖某波赔偿生态环境受损期间服务功能损失79613.8元，该款汇入遵义市环境公益诉讼专项资金账户。

三、肖某开、肖某波向遵义市环境公益诉讼专项资金账户支付鉴定费128000元。

四、肖某开、肖某波在遵义市市级以上媒体就违法建设山庄破坏生态环境和自然资源等情况向社会公开赔礼道歉，内容由遵义市中级人民法院审定。

判决后，双方当事人均未上诉，本判决现已生效。

【法官后语】

一、多重环境要素受损时的环境侵权责任认定

自然环境要素通常是指水、大气、动植物、土壤等基质。要素自身、彼此之间逐级构成环境结构单元、圈层、系统。污染环境、破坏生态等侵权行为往往涉及对多重环境要素的损害，因此，审理环境民事公益诉讼等案件时应当树立全要素一体化保护思维，做到“三个全面”，即对受损生态环境的要素类别和范围的多样性进行全面审查，在此基础上研判公益诉讼起诉人提起的诉讼请求是否全面，能否对受损环境进行全面保护。

以本案为例，涉及的环境要素多重损害体现为：(1) 受损要素多样性。修建案涉山庄损害了土地、林木、溶洞、暗河、山体等多种环境要素。(2) 受损系统多样性。首先，造成局部生态系统受损。比如，压占林地、未利用地、少量耕地，完全改变土地类型和土地用途，造成占地范围内土壤、乔木重度损毁，耕地种植功能、林地水土保持功能、未利用地农用功能整体丧失的损害后果；山庄建设、营业期间，排污行为对暗河造成环境服务功能损失。其次，造成溶洞微环境损害。建设行为改变洞内天然构造和空间形态，造成部分石芽、钟乳石永久性损毁灭失，影响洞内由水、气候、动植物、微生物形成的微环境。(3) 损害行为、损害结果多样性。一是对土地、林木、溶洞实施破坏行为，对水体实施污染行为；二是既造成环境要素现实损害，又造成环境安全重大风险，如违法占洞经营，对消费者与穴居野生动物发生误接触和引起病毒传播危害身体健康构成潜在风险，又如建设行为导致河道急剧收窄、道口高度降低，严重影响河道、洞腔导洪、行洪、排洪能力，加剧自然灾害致害程度。

围绕多重环境要素受损的事实，根据《最高人民法院关于审理环境民事公

益诉讼案件适用法律若干问题的解释》第九条、第十八条、第二十条规定，人民法院向公益诉讼起诉人释明增加诉讼请求并最终判令肖某开、肖某波依法承担恢复原状、履行生态环境修复义务、支付生态环境修复费用、赔偿生态环境受损期间服务功能损失、赔礼道歉等环境侵权责任，从而实现对受损环境全面保护。

二、环境民事公益诉讼与行政公益诉讼竞合辨析

本案审理过程中存在争议的诉讼程序问题是，肖某开、肖某波违法修建山庄的行为已由多个环境行政职能部门作出停建处罚仍未能制止时，检察机关作为公益诉讼起诉人应当提起行政公益诉讼还是民事公益诉讼。就此问题，可从以下方面进行分析。

第一，从法律规定上看。《中华人民共和国民法典》第一百八十七条规定："民事主体因同一行为应当承担民事责任、行政责任和刑事责任的，承担行政责任或者刑事责任不影响承担民事责任；民事主体的财产不足以支付的，优先用于承担民事责任。"同时，《最高人民法院关于审理生态环境侵权纠纷案件适用惩罚性赔偿的解释》第十一条、《生态环境损害赔偿管理规定》第十条亦作出同样规定。据此，在公共利益受损时，检察机关选择提起环境民事公益诉讼不受行政机关是否先期作出行政处罚、采取行政措施的制约，这恰恰是国家为更加全面、严格地保护生态环境而特别设立环境民事公益诉讼制度的价值体现。

第二，从环境民事公益诉讼制度的优势上看。行政公益诉讼旨在推动行政机关依法行政，实现环境保护、污染治理，被称为监督之诉、客观之诉；民事公益诉讼则重在解决侵权人所应承担的生态环境损害责任问题，强调检察机关独立履行生态环境等公益保护职能，因此被称为履职之诉、主观之诉。本案中，肖某开、肖某波未取得合法用地、规划、建设、地质灾害评估、防洪评价等审批手续，在多个环境行政职能部门多次下达责令停工建设通知的情况下，仍置若罔闻、执意建成。此时，应当认为本案属于需要司法机关介入直接追究侵权人民事责任的情形。制止破坏生态、污染环境行为，防范次生灾害风险是当务之急，因此检察机关在法定机关或组织不提起诉讼的情况下，为及时保护国家

利益和社会公共利益，应当以公益诉讼起诉人身份提起环境民事公益诉讼。同时，侵权人系环境污染、破坏行为的最终责任承担主体，行政机关因履行违建拆除职责产生的费用应当由侵权人承担，从追究终局责任的角度看，检察机关提起民事公益诉讼也是必要之举。

第三，从环境民事公益诉讼判决的履行情况上看。民事公益诉讼本质是民事诉讼，两造地位平等，侵权人能否履行生态修复、赔偿损失等民事责任，终究看其自身履行能力。尤其是在面对重大生态环境污染、破坏事件时，侵权人如果缺乏判决履行能力，民事公益诉讼的恢复性目的的实现可能会受到阻力。因此，在选择公益诉讼类型时，当事人的判决履行能力应当成为公益诉讼起诉人的重要考量因素，人民法院亦应做好相关释明。从审判实务看，若确有必要，人民法院可以建议公益诉讼起诉人在提起民事公益诉讼时，同步提起行政公益诉讼，通过民事责任追责、行政职能督职双管齐下，为受损公益及时止损、修复套上双保险。

三、环境侵权民事责任的认定与实现

（一）责任认定

人民法院在认定侵权人所应承担的环境侵权民事责任时，应当做到“两个全面”。现以本案进行说明。

第一，对污染、破坏生态环境的侵权行为应当进行全面评价。本案中，肖某开、肖某波实施的环境侵权行为及造成的损害后果包括：破坏土地及林木资源；破坏溶洞特有的环境功能与生态价值；污染暗河水体；与穴居野生动物误接触致病毒传播的潜在风险；改变河道加剧行洪灾患；存在遭受地质灾害事故的高风险。上述行为凸显了侵权行为对公共利益的严重损害，为论证采取公益诉讼的必要性，以及下一步选择责任承担方式奠定事实基础。

第二，对责任方式的认定应当全面。《最高人民法院关于审理环境民事公益诉讼案件适用法律若干问题的解释》第十八条规定：“对污染环境、破坏生态，已经损害社会公共利益或者具有损害社会公共利益重大风险的行为，原告可以请求被告承担停止侵害、排除妨碍、消除危险、修复生态环境、赔偿损失、赔礼道歉等民事责任。”本案根据侵权人的侵权行为种类、后果，最终选择由侵权人承担消除危险、修复生态环境、赔偿损失、赔礼道歉的民事责任。

（二）责任实现

如前所述，民事公益诉讼判决结果的实现与责任人的履行能力密切相关。人民法院应当始终坚持恢复性司法理念，通过采取司法建议、联席座谈等方式督促行政机关积极履职、协助执行，避免民事公益诉讼判决结果得不到及时履行，受损公益得不到及时修复。

事实上，在本案判决生效后，侵权人因刑事羁押和自身财产不足等因素导致不能主动完成生态修复义务，为此，一方面人民法院启动强制执行程序查控侵权人财产，另一方面基层人民政府按照判决指引，积极协助配合人民法院完成违建拆除和生态修复，构建起“责任人修复+政府监管履职+人民法院强制执行+人民检察院监督”的社会综合治理路径，实现了环境民事公益诉讼保护公共利益、实施生态环境修复治理的目标，取得了良好的法律效果、社会效果和生态效果。

编写人：贵州省遵义市中级人民法院　李玉振

35

环境行政公益诉讼中行政机关是否全面履行法定职责的审查

——昆明市某区人民检察院诉某区水务局未全面依法履行法定职责环境行政公益诉讼案

【案件基本信息】

1. 裁判书字号

云南省昆明市盘龙区人民法院（2022）云0103行初34号行政判决书

2. 案由：未全面依法履行法定职责环境行政公益诉讼

3. 当事人

公益诉讼起诉人：昆明市某区人民检察院

被告：某区水务局

【基本案情】

1994年，某县根据全市开展水利工程土地划界发证的工作要求，于同年5月11日签订确权协议，明确“将23米水位（线）以下的土地划为某水库的库区管理范围，其土地属全民所有，管理使用权属某水库管理所。任何单位和个人不得侵占”。1994年6月15日颁发国有土地使用权证，载明使用单位为某县某水库管理所。某水库土地划归国有后，某街道办事处某社区村民仍长期开垦库区内未被淹没的土地进行农业耕作。2018年11月，市河长办印发《市河湖“清四乱”专项行动方案的通知》，要求各区对辖区内围垦湖泊，非法侵占水域、滩地等乱占行为开展清理行动。某区水务局是全区负责水利设置管理保护、牵头落实河（湖）长制工作、组织实施辖区河（湖、库、塘、沟渠）政治工作的职能部门。2020年12月9日，某区水务局函请某街道办事处，针对某社区居民违规侵占库区管理范围行为进行清退。2021年5月21日，昆明市人民检察院发现库区内开垦侵占土地面积396.57亩，国家利益和社会公共利益受到严重损害。2021年8月18日，昆明市某区人民检察院（以下简称某区人民检察院）向某区水务局送达《检察建议书》，建议该局全面依法履行某水库管理保护职责，主动指导、协调、推动和督促相关单位、个人对库区内侵占土地的行为进行彻底清退，恢复水库生态。某区水务局未在法定期限内将整改情况书面回复某区人民检察院。2021年11月26日，昆明市人民检察院经对开垦范围内现场水体取样进行快速检测，认定库区水体水质低于滇池外海按《地表水环境质量标准》（GB3838-2002）Ⅲ类水保护标准。截至开庭之日，库区内生态环境持续处于受侵害状态。某水库23米水位（线）以下被违法侵占土地面积为319亩。

某水库管理所是某区水务局下属事业单位的临时组织机构。

公益诉讼起诉人某区人民检察院向昆明市盘龙区人民法院提出诉讼请求：请求判令某区水务局全面依法履行某水库管理保护职责，在合理期限内对库区内被侵占土地进行彻底清退。

【案件焦点】

1. 如何认定行政机关是否全面履行保护环境公益的法定职责；2. 如何认定行政机关现有执法能力与环境公益不能实现是否有直接因果关系。

【法院裁判要旨】

云南省昆明市盘龙区人民法院经审理认为：水创造了人类及人类文明，而水库则是人类治水的智慧产物，见证着人类与水斗争、化害为利的文明进程。水库作为一种特殊的人工湖泊类型，承担着防洪、调蓄、供水等重任，因此，水库环境保护没有替代品，用之不觉，失之难存。

1. 环境行政公益诉讼的诉前程序及原被告主体问题。公益诉讼起诉人某区人民检察院已向某区水务局提出检察建议，督促其依法履职，但水库区内生态环境仍处于受侵害状态，故某区人民检察院根据《最高人民法院、最高人民检察院关于检察公益诉讼案件适用法律若干问题的解释》第二十一条之规定，就环境资源保护提起行政公益诉讼，符合诉前程序，具备合法的主体资格。某区水务局依法负有管辖行政区域内管理和监督的职责。根据《最高人民法院关于适用〈中华人民共和国行政诉讼法〉的解释》第二十条第一款规定："行政机关组建并赋予行政管理职能但不具有独立承担法律责任能力的机构，以自己的名义作出行政行为，当事人不服提起诉讼的，应当以组建该机构的行政机关为被告。"某水库管理所是水库库区土地使用者，某区水务局认可某水库管理所为其事业单位下属内设机构，因此，某区水务局是适格被告。

2. 履行法定职责的审查。行政机关履职行为应符合法定程序，体现行政机关勤勉程度，并满足案件时效性要求，具体从行政机关是否依法、充分、及时采取法定监管措施三个方面进行审查。某区水务局收到检察建议后，一直未对库区内被侵占土地进行彻底清退，亦未启动代履行程序，直至检察院提起诉讼，远超两个月的履职期。在本案立案后到开庭前，被告虽已依法履行一定的管理职责，但并未按规定将非法侵占的库区耕地恢复到侵占前的状态。需要说明的是，行政机关履职是否有效应当看环境公益是否得到有效保护，水库环境的行政履职应当以"违法行为是否得到实质制止+环境资源是否已修复达到验收标准"作为认定标准，但某水库区内仍存在开垦种植及水质污染的情况，某区水务局存在未充分履行监管措施的问题。故某区水务局未依法、充分、及时地采取行政管理措施，未使某水库环境公益得到有效保护。

3. 直接因果关系的审查。关于被告在答辩中提到关于水库的历史问题难以在短时间内解决，存在利益冲突等观点，法院认为，被告的抗辩理由并非阻却环境公益实现的客观因素，与环境公益不能实现之间没有直接因果关系。

综上，公益诉讼起诉人提出的全面依法履行某水库管理保护职责、在合理期限内清退库区内被侵占土地的诉求既涵盖了监管措施，又涵盖了履职效果，属于被告履行法定职责的范畴，依法应当予以支持。

云南省昆明市盘龙区人民法院依据《中华人民共和国行政诉讼法》第二十

五条、第七十二条,《中华人民共和国水法》第十二条,《中华人民共和国人民陪审员法》第十六条,《最高人民法院关于适用〈中华人民共和国行政诉讼法〉的解释》第二十条,《最高人民法院、最高人民检察院关于检察公益诉讼案件适用法律若干问题的解释》第七条、第二十一条、第二十三条、第二十五条规定,判决如下:

被告某区水务局继续履行法定职责。

判决后,双方当事人均未上诉,本判决现已生效。

【法官后语】

环境行政公益诉讼中"行政机关是否履行法定职责"是该类案件的审理焦点。结合司法实践与环境行政公益诉讼特质,环境行政公益诉讼中行政机关履职行为应符合法定程序,体现行政机关勤勉程度,并满足案件时效性要求,具体应当从行政机关是否依法、充分、及时采取法定监管措施三个方面进行审查。本案以环境公益的水库资源案件为例,就不特定多数人的人为活动导致环境损害案件中,环境公益是否得到有效保护,确立了"违法行为是否得到实质制止+环境资源是否已修复达到验收标准"的裁判认定标准,同时,本案运用"直接因果关系法"审查行政机关抗辩理由是否系阻却环境公益实现的客观因素。

一、行政机关的履行行为和履职效果

(一)行政机关履职行为:是否依法、充分、及时采取法定监管措施

1. 依法:审查履职行为的合法性。

审查行政机关是否采取法定监管措施,应区分职责类型予以分析。因监管职责和管理职责职权属性不同,故在行政机关履职行为上亦有不同:基于监管职责的履职行为系对行政相对人课以法定义务或责任而实现环境公益目的,相关行政法律法规、规章等对该类履职行为的内容、程序、步骤等均有明确规定,审查该类履职行为应适用明确的法定标准;而基于管理职责的履职行为系以指导、协调、报告为手段,相关行政法律法规、规章等未对内容、程序、步骤有明确的规制,审查该类履职行为可依据行政法的基本精神和原则进行审查。在

特定多数人的人为活动导致水库环境损害案件中，行政机关履职具有监管与管理双重职责，法院在审查履职行为合法性时，既要适用法定标准对其监管行为进行审查，又要依据行政法的基本精神和原则对其管理行为进行审查。一方面，在依法履行行政职权和保障行政相对人的合法权益时，防止行政机关在履职中超越职权、滥用职权、对水库环境公益造成不当损害等；另一方面，是否制定工作规划、队伍和资金保障、奖惩措施，以及宣传引导、上下联动、统筹协调等实现内外管理职责的监管措施。

2. 充分：审查行政机关履职行为的勤勉程度

“充分”意指“充足、尽量”，不仅限于司法实践中对履职行为的“全面”审查。“全面”强调穷尽一切法定监管措施，而“充分”则更为强调行政机关履职行为的勤勉程度。当行政机关提出关于未能全面采取法定监管措施的抗辩理由时，应对其提出的理由是否成立、是否合理进行实质性审查。针对特定多数人的人为活动所导致的水库环境损害，则需要考量政策发动、宣传教育等理由是否成立，行政机关在日常监督、管理水库环境公益履职过程中的时间，次数以及行为方式，力度的适合性、必要性、均衡性，并审查行政机关面对特定多数人的人为活动是否掌握其相关原因及动态，是否穷尽法定监督和管理措施。

3. 及时：审查行政机关履职行为的时效性

因案件审理对象为“行政机关收到检察建议后不履行法定职责的主张是否成立”，故履职期限起算点应为行政机关收到检察建议之日。履职期限的认定应与《最高人民法院、最高人民检察院关于检察公益诉讼案件适用法律若干问题的解释》确定的回复期限适度区别，并区分案件紧急程度。判断行政机关采取法定监管措施是否“及时”，以行政机关是否在收到检察建议后积极启动程序，并在法定履职期限内履职完毕作为判断标准，以行政机关履职启动时间、实际履职时间与案件复杂程度、案件紧急程度等是否相称为参考因素。具体到特定多数人的人为活动导致水库环境损害案件中，行政机关在履职前须作必要的可行性研究和一定的成本效益分析，以使相应的履职行为具有时效性。因此，法院在审理过程中应注重在证据层面审查行政机关是否作出相应可行性、成本效益的研究分析，作为其履职时效性认定的参考依据。

（二）行政机关履职效果：环境公益是否得到有效保护

审查行政机关履职效果，即环境公益是否得到有效保护应以是否达到行政执法专业性规范为标准，并根据案件具体情况和行政机关职责性质进行类型化认定。司法实践中，环境公益损害通常包括生态环境资源的不利改变、自损害起至完全恢复为止的生态环境服务功能损失、社会公众环境精神权益损害等。在特定多数人的人为活动所导致的水库环境损害中，要以生态环境的不利改变为基础救济环境公益，具体而言就是违法行为得到实质制止。行政机关履职效果要使特定多数人的人为活动停止，此时判决中关于行政机关如何进行综合治理的指引效果应得到体现，从而最大程度避免因人为活动的停止导致特定多数人引发不利于社会、环境公益的行为出现。关于环境资源是否修复并达到验收标准，在具体适用上要从库区生态的恢复效果、水质检测数据、特定多数人后续的安置等多角度评判；可引入专家意见、第三方评估机构意见，以应对司法专业技术能力不足的问题。

二、司法认定标准类型化

一般而言，环境公益受损，行政相对人或行政机关因此负有行政义务。在损害环境公益的情形中，如超标排污、盗伐滥伐林木、不特定多数人的人为活动造成环境风险损害等，应考虑是否存在行政相对人、行政相对人或行政机关负有的义务（责任）、负有监管职责行政机关的履职、负有管理职责行政机关的履职等因素，区分行政机关履职类型，对“环境公益是否得到有效保护”的司法认定标准进行类型化梳理。本案系因某社区村民在某水库库区管理范围内，长期开垦库区内未被淹没的土地进行农业耕作，导致水库环境持续处于受侵害状态，属于特定多数人的人为活动所导致的水库环境损害。对此，行政相对人有停止耕作的义务；行政机关负有制止村民耕作及清除农田、消除风险的义务，亦负有违法行为实质消除的监管职责和环境资源修复验收的管理职责。因此，关于如何评价环境公益是否得到有效保护，本案确立了“违法行为是否得到实质制止+环境资源是否已修复达到验收标准”的认定规则，具有类型化的意义，除了前述依法、充分、及时采取法定监管措施外，还包含是否有效履行宣传、指导、检查、巡查、制度保障等工作职责；负有报告、协调等职权的行政机关，是否已向负有监管职责的行政机关据实报告并开展实质协调工作等内容，应当统筹适用复合型认定标准。

三、是否存在阻却环境公益实现的客观因素

（一）直接因果关系

阻却环境公益实现的因素具有复合性，在特定多数人的人为活动所导致的水库环境损害中，行政机关履职效果的体现可能存在延时性和不确定性，故应对是否存在阻却环境公益实现的客观因素进行审查。特定多数人的人为活动所导致的水库环境损害中，行政机关提出影响环境公益实现的抗辩理由，多为行政职权不具备条件或受到限制、特定多数人与行政机关配合度低、修复时间较长、修复效果需较长周期显现、属于历史遗留问题难以在短时间内解决、利益之间存在冲突等。法院应主要审查其抗辩理由是否系阻却环境公益实现的客观因素，从审查行政机关自身是否具备客观的执法条件和上级机关所赋予其职责出发，如属于其主责主业，再审查以现有执法能力能否排除、是否与环境公益不能实现之间具有直接因果关系。

（二）直接因果关系的确定和适用

直接因果关系即该条件无论存在与否均不能阻却行政机关履行其主要职能，如历史因素是否成就、行政相对人是否配合等，治理库区都当属本案行政机关的法定职责。区分直接因果关系是否阻却环境公益的实现，对于法院审查行政机关履职效果具有关键作用。一般而言，检察机关提起行政公益诉讼的根本目的在于保护国家利益和社会公共利益，同时督促没有依法履职或者没有积极履职的行政机关及时纠正不当行为，切实保护公益。如直接因果关系不能阻却环境公益的实现，则行政机关抗辩理由不成立，行政机关未实现有效保护环境公益的效果，应认定行政机关未履行法定职责或怠于履行法定职责；如行政机关已经在采取积极措施，只是由于自然规律及案件特殊情况无法使受损害公益很快恢复的以及类似情形下，检察机关事实上没有提起行政公益诉讼的必要，仅需在行政机关勤勉履职下等待公益受损状态消除即可。反之，如果检察机关根据公益受损状态提起了行政公益诉讼，法院也不应认定行政机关没有履行法定职责。否则，不但打击行政机关的积极性，同时也有浪费司法资源之嫌。对于检察机关提起的行政机关“力尽而不能”的案件，法院可以认定行政机关履行了职责并向检察机关释明撤回起诉。在法院审理过程中，对行政机关“力尽”的审查应当坚持两个判断标准：一是行政机关的履职效果即依法、充分、及时采取法定监管措施，这是主观因素；二是因果关系，即行政机关的抗辩事由与公益受损状态仍未解除之间是否具有直接因果关系，这是客观因素。换言之，该条件无论存在与否均不能阻却行政机关履行其主要职能，如果行政机关尽最大努力履职仍无法使受损公益恢复至圆满状态，则可以认为其抗辩理由成立。直接因果关系的考量是对单纯适用行政履职结果标准的修正，如果行政机关从行为标准判断并不存在不履行法定职责，而仅因结果标准就作出“不履行”的判定，那么行为标准的存在也将没有意义。

综上，本案的裁判规则可为在不特定多数人的人为活动导致环境损害的行政公益诉讼案件中行政机关继续履行法定职责提供指引，体现了法院在环境行政公益诉讼中的评价作用及教育指引功能，对鼓励行政机关在治理水资源环境中提升履职能力、加强履职责任、实现履职效果等具有积极的意义，亦可为法院审理类似案件提供参考。

编写人：云南省昆明市盘龙区人民法院　欧阳俊杰　侯轩鹏

八、污染环境罪

36

购买大量盐酸经营电镀加工造成环境污染的，应认定为污染环境罪

——盛某等污染环境案

【案件基本信息】

1. 裁判书字号

山东省济宁市中级人民法院（2021）鲁08刑终228号刑事判决书

2. 案由：污染环境罪

【基本案情】

2020年5月，被告人盛某在无任何审批手续的情况下，在电子厂院内经营电镀加工作坊，为进行电镀作业，先后从他人处购买1660千克盐酸用于除锈。在生产过程中，被告人杨某负责技术指导、联络技术工人，被告人王某、于某负责日常管理进行电镀工作。电镀产生的废水直接排入车间西侧由简易塑料薄膜铺垫的渗坑内，形成地渗。经检测，该加工作坊渗坑内浑浊水样铬含量为73.75mg/L，超山东省地方标准146.5倍，严重污染环境。2020年7月21日，被告人盛某、杨某、王某、于某到某派出所投案。

【案件焦点】

购买盐酸用于电镀除锈并排放电镀产生的废水严重污染环境的行为，是构成污染环境罪还是构成非法买卖制毒物品罪，还是以污染环境罪和非法买卖制毒物品罪数罪并罚。

【法院裁判要旨】

山东省梁山县人民法院经审理认为，被告人盛某系镀锌作坊的开办者，被告人盛某、杨某、王某、于某在镀锌作坊经营生产的过程中，违反国家规定，排放、倾倒有毒物质，严重污染环境，其行为已构成污染环境罪；盛某违反国家规定，非法买卖国家管制的易制毒化学品盐酸，其行为构成非法买卖制毒物品罪；盛某购买盐酸，目的是用于其镀锌作坊除锈，其购买盐酸的行为，是其开办镀锌作坊污染环境犯罪的手段行为，系牵连犯，应择一重罪处断，即以非法买卖制毒物品罪追究盛某的刑事责任。四被告人主动投案，如实供述犯罪事实，构成自首；盛某犯非法买卖制毒物品罪、污染环境罪，二者存在牵连关系，应择一重罪即非法买卖制毒物品罪处断。盛某系镀锌作坊的开办者，杨某负责技术指导、联络技术工人，二被告人在犯罪中起主要作用，系主犯；王某、于某不是镀锌作坊的开办者，对化工生产和排放废液没有决定权，在共同犯罪中起次要作用，均系从犯，可从轻处罚。四被告人归案后，均如实供述了犯罪事实，签署了认罪认罚具结书，依法可从宽处罚。盛某具有检举他人犯罪的立功表现，依法可对其予以从轻或减轻处罚。王某、于某经社会调查评估，适用社区矫正对其居住社区无重大不良影响，综合考量王某、于某的犯罪情节、认罪态度、悔罪表现、对居住社区的影响，依法可宣告缓刑。

山东省梁山县人民法院依照《中华人民共和国刑法》第二十五条、第二十六条、第二十七条、第六十七条第一款、第六十八条、第七十二条、第七十三条、第五十二条、第五十三条、第六十四条、第三百五十条、第三百三十八条，《中华人民共和国刑事诉讼法》第十五条、第二百零一条规定，判决如下：

一、被告人盛某犯非法买卖制毒物品罪，判处有期徒刑三年，并处罚金人民币二万元。

二、被告人杨某犯污染环境罪，判处有期徒刑七个月，并处罚金人民币五千元。

三、被告人王某犯污染环境罪，判处拘役五个月，缓刑八个月，并处罚金人民币三千元（已缴纳）。

四、被告人于某犯污染环境罪，判处拘役五个月，缓刑八个月，并处罚金人民币三千元（已缴纳）。

五、公安机关扣押的涉案账本，依法予以没收；扣押的镀锌溶液盐酸由扣押机关依法处置。

山东省梁山县人民检察院提出抗诉。山东省济宁市中级人民法院经审理认为：原审被告人盛某、杨某、王某、于某，违反国家规定，排放、倾倒有毒物质，严重污染环境，四人的行为构成污染环境罪。关于盛某所提“其购买盐酸是为了除锈，不是为了制造毒品，不知道盐酸是制毒物品，主观上没有买卖制毒物品的故意”的辩解。经查，盛某虽未经许可或者备案购买盐酸，但因在案证据不能证明盛某明知盐酸是制毒物品而购买，其行为不符合非法买卖制毒物品罪的主观要件，不构成非法买卖制毒物品罪。该辩解成立，予以采纳。一审以非法买卖制毒物品罪对盛某定罪处罚，系适用法律错误，应予纠正。山东省梁山县人民检察院的抗诉理由和山东省济宁市人民检察院的支持抗诉意见均不能成立，不予采纳。

在污染环境共同犯罪中，盛某、杨某起主要作用，系主犯；王某、于某起次要作用，系从犯。盛某、杨某、王某、于某主动投案，如实供述犯罪事实，构成自首。盛某检举他人犯罪，查证属实，具有立功表现。杨某、王某、于某自愿认罪认罚，依法可从宽处罚。盛某的辩护人所提“原审被告人盛某具有自首情节和立功表现”的辩护意见成立，予以采纳。关于盛某的辩护人所提“原审被告人盛某自愿认罪认罚，有明确悔罪表现”的辩护意见，经查，盛某在二审审理过程中不认可其行为构成污染环境罪，依法不能适用自愿认罪认罚从宽处罚制度，该辩护意见不能成立。

盛某为了谋取利益，擅自在居民区经营国家明令禁止的“土小”企业电镀加工作坊，既未进行建设项目环境影响评价，也未设置任何环境保护设施，对作业过程中产生的远超水污染排放物排放限值的废水未进行任何处理，直接排放到渗坑内，严重污染环境，且该电镀作坊位于南水北调工程重点保护区域内，社会危害性较大。王某、于某犯罪情节较轻，自愿认罪，判处缓刑对居住社区无重大不良影响，依法可宣告缓刑。

山东省济宁市中级人民法院依照《中华人民共和国刑法》第二十五条第一款、第二十六条第一款和第四款、第二十七条、第五十二条、第六十四条、第六十七条第一款、第六十八条、第七十二条第一款、第七十三条、第三百三十八条，《中华人民共和国刑事诉讼法》第十五条、第二百零一条、第二百三十六条第一款第二项，《最高人民法院、最高人民检察院关于办理环境污染刑事案件适用法律若干问题的解释》第一条规定，判决如下：

一、维持山东省梁山县人民法院刑事判决第二项、第三项、第四项、第五项，即“被告人杨某犯污染环境罪，判处有期徒刑七个月，并处罚金人民币五千元”“被告人王某犯污染环境罪，判处拘役五个月，缓刑八个月，并处罚金人民币三千元”“被告人于某犯污染环境罪，判处拘役五个月，缓刑八个月，并处罚金人民币三千元”“公安机关扣押的涉案账本，依法予以没收；扣押的镀锌溶液盐酸由扣押机关依法处置”；

二、撤销山东省梁山县人民法院刑事判决第一项，即“被告人盛某犯非法买卖制毒物品罪，判处有期徒刑三年，并处罚金人民币二万元”；

三、原审被告人盛某犯污染环境罪，判处有期徒刑二年六个月，并处罚金人民币一万元。

【法官后语】

盐酸的工业用途广泛，也可用于生活清洁。国务院颁发的《易制毒化学品管理条例》将盐酸列为第三类易制毒化学品，即可以用于制毒的化学配剂。国家对易制毒化学品的生产、经营、购买、运输和进口、出口实行分类管理和许可制度。购买盐酸应当在购买前将所需购买品种、数量向所在地的县级人民政府公安机关备案。本案中，被告人因除锈所需购买盐酸并未向当地公安机关备案，且在作业过程中随意处置废水造成环境污染。如何根据被告人的犯罪行为精准认定犯罪，是本案的焦点问题。

一、观点梳理

对于本案被告人盛某应如何定罪，有以下三种观点：

第一种观点认为，根据刑法一般理论，牵连犯是指犯罪的手段行为或结果行为，与目的行为或原因行为分别触犯其他罪名的情况。对牵连犯应从一重处罚，或者从一重从重处罚。盛某构成污染环境罪，同时，其违反国家规定，非法买卖易制毒化学品盐酸，其行为构成非法买卖制毒物品罪。盛某购买盐酸的行为，是其开办镀锌作坊构成污染环境罪的手段行为，系牵连犯，应择一重罪处断，故以非法买卖制毒物品罪追究其刑事责任。本案一审持此观点。

第二种观点认为，犯罪是刑罚的前提，刑罚是犯罪的后果，因此，行为人实施一个犯罪的，就应针对该罪判处一个刑罚；行为人实施数个犯罪的，就应针对每一个犯罪判处相应的刑罚。盛某非法买卖制毒物品和污染环境系前后两个相互独立的犯罪行为，非法购买盐酸行为和排污行为不存在手段行为和目的行为、原因行为和结果行为的牵连关系，应当以非法买卖制毒物品罪和污染环境罪数罪并罚。

第三种观点认为，主客观相统一是刑法的基础性原则，该原则要求在分析判断行为时，既要着眼于客观行为，也要考虑行为人的主观认识和真实心态。无证据证实盛某明知盐酸属于易制毒化学品，也无证据证实其购买盐酸系用于制毒，其没有非法买卖制毒物品的主观故意。盛某购买盐酸用于镀锌作坊除锈，对其购买盐酸除锈，排放、倾倒有毒物质，严重污染环境的行为，以污染环境罪定罪处罚，符合主客观相统一的原则。本案二审持此观点。

二、裁判思路

就本案反映的争议问题，应当根据以下审判思路予以正确把握：

1. 主观要件。非法买卖制毒物品罪主观方面由故意构成，即明知是国家管制的制毒物品而非法买卖。污染环境罪主观方面由过失构成，即行为人对违反国家环境保护法规，排放、倾倒或者处置危险废物是明知的，但对于由此造成的严重后果不是行为人所希望的。本案中，根据在案证据不能认定盛某明知盐酸属于国家管制的制毒物品而购买，其为了镀锌作坊除锈而购买盐酸，且也只用于除锈，没有非法买卖制毒物品的主观故意。

2. 客观方面。非法买卖制毒物品罪客观方面主要表现为违反国家对制毒物品的管理制度，未经许可或者备案，擅自购买、销售易制毒化学品；超出许可证明或者备案证明的品种、数量范围购买、销售易制毒化学品；使用他人的或者伪造、变造、失效的许可证明或者备案证明购买、销售易制毒化学品；经营单位向无购买许可证明、备案证明的单位、个人销售易制毒化学品，或者明知购买者使用他人的或者伪造、变造、失效的许可证明、备案证明，仍向其销售易制毒化学品等行为。污染环境罪客观方面主要表现为违反国家有关环境保护规定，排放、倾倒或者处置有放射性的废物、含传染病病原体的废物、有毒物质或者其他有害物质严重污染环境的行为。盛某为进行电镀作业未经许可或者备案，擅自购买盐酸，用于电镀加工，并将产生的废水直接排入渗坑，严重污染环境。该行为既符合非法买卖制毒物品罪的客观方面，亦符合污染环境罪的客观方面。

3. 客体要件。非法买卖制毒物品罪侵犯的客体是国家对制毒物品的管理制度，犯罪对象为制毒物品。污染环境罪侵犯的客体是国家对危险废物的安全管理制度，犯罪对象为有害物质。盛某违反国家对危险废物的管理规定，非法排放含铬的污染物，严重污染环境，侵犯了国家对危险废物的安全管理制度，符合污染环境罪的客体要件。

4. 惩罚目的和教育意义。污染环境行为造成的危害是极其严重的，它使人类赖以生存和发展的环境日益恶化，危害人类的身体健康、生命安全和生存环境，因此，2011 年，《中华人民共和国刑法》第三百三十八条从保障人民群众生命健康安全、严惩严重污染环境行为、维护经济可持续性发展的目的出发，降低了犯罪构成的门槛，将原来规定的“造成重大环境污染事故，致使公私财产遭受重大损失或者人身伤亡的严重后果”修改为“严重污染环境”，意味着虽未造成重大环境污染事故，但违反国家规定，超标准排放、倾倒、处置有害物质，严重污染环境的行为即可构成犯罪。盛某为谋取不法利益，擅自在居民区经营国家明令禁止的“土小”企业电镀加工作坊，既未进行建设项目环境影响评价，也未设置任何环境保护设施，对作业过程中产生的远超水污染排放物排放限值的废水未进行任何处理，且该电镀作坊位于南水北调工程重点保护区域内，废水铬含量严重超标，直接排入渗坑，对环境造成严重污染，对当地人民群众健康安全造成较大危害。以污染环境罪对被告人盛某进行定罪处罚，符合该罪的惩罚目的和教育意义，具有法律上的正当性与合理性。

三、结论

根据犯罪行为依法定罪，既要与犯罪性质相适应，又要与犯罪情节相适应，还要与犯罪人的人身危险性相适应，以达到罪责刑相适应，既不加重犯罪，又不能让犯罪分子逃脱法律的严惩；既有效惩治犯罪、警示他人，又能发挥修复受损社会关系的功能。基于上述分析，盛某不具有非法买卖制毒物品的主观故意，其行为侵犯了国家对危险废物的安全管理制度，故对其应当以污染环境罪追责。

编写人：山东省济宁市中级人民法院　潘玉清　马敏

37

倾倒生活垃圾与建筑垃圾混合物严重污染环境的，构成污染环境罪

——王某林等污染环境案

【案件基本信息】

1. 裁判书字号

浙江省绍兴市中级人民法院（2021）浙06刑终65号刑事裁定书

2. 案由：污染环境罪

【基本案情】

2019 年 5 月，被告人王某林通过他人介绍得知一垃圾中转站内有建筑垃圾及生活垃圾（未处理）混合物需要处理，便与被告人王某军商议通过混合垃圾处置倾倒获取利益。王某军通过被告人朱某斌、陈某东、钟某等人介绍，与涉案鱼塘的被告人陆某、陈某、范某坤联系，后约定以 1250 元一车的价格在该鱼塘内（未申报消纳建筑垃圾批准手续、未采取环保防护设施）倾倒填埋混合垃圾。王某军联系被告人彭某，由彭某以每车 2700 元运输费的方式组织车辆负责对混合垃圾进行运输，于 2019 年 5 月 27 日至 6 月中下旬期间，从垃圾中转站运输建筑垃圾及生活垃圾混合物共 150 余车（每车载 30 余吨）至涉案鱼塘。其间，陆某、陈某、范某坤雇用被告人王某菲实施垃圾填埋挖机作业，雇用被告人叶某军作为现场指挥车辆人员，实施垃圾填埋行为。

2019 年 6 月底至 7 月初，王某林、王某军、彭某、陆某又以上述方式在涉案鱼塘非法倾倒混合垃圾 6 车；陆某经过王某菲介绍，通过他人在涉案鱼塘倾倒混合垃圾 10 余车获利。

根据转账记录显示，王某军支付给陆某、陈某、范某坤垃圾填埋费用共 18 万余元，支付给彭某运费共 51 万余元。王某林、王某军、陆某、陈某、范某坤、彭某、朱某斌、王某菲、叶某军、陈某东、钟某非法获利 3000 元至 40000 元不等。

经环保科技服务中心生态环境损害鉴定评估，上述非法倾倒的垃圾含有有害物质，倾倒填埋地地表水、土壤及浅层地下水生态环境受到损害。生态环境损害价值 173. 191166 万元（案发后已履行），其中应急处置费 146. 337116 万元，生态环境损害数额 9. 55405 万元，事务性费用 7. 5 万元，鉴定评估费用 9. 8 万元。案发后，该案垃圾应急处置工作已完成，现场清理出建筑垃圾 4688. 42 吨、生活垃圾 1269. 32 吨，合计 5957. 74 吨。

【案件焦点】

1. 如何把握污染环境罪的构罪要件；2. 如何认定生活垃圾与建筑垃圾混合

物的性质。

【法院裁判要旨】

浙江省绍兴市上虞区人民法院经审理认为：被告人王某林等11人违反国家规定，倾倒、处置其他有害物质，严重污染环境，造成公私财产损失170余万元，后果特别严重，其行为均已构成污染环境罪。被告人陈某东在前罪有期徒刑刑罚执行完毕后五年内再犯应当判处有期徒刑以上之罪，是累犯，应依法从重处罚。被告人王某林、叶某军具有犯罪前科，被告人范某坤、朱某斌具有劣迹，均应酌情从重处罚。在共同犯罪中，被告人王某林、王某军、陆某、陈某、范某坤起主要作用，是主犯；被告人彭某起次要作用，被告人朱某斌、王某菲、叶某军、陈某东、钟某起辅助作用，是从犯，均可依法减轻处罚。被告人范某坤、朱某斌犯罪后主动投案，如实供述罪行，是自首，对被告人范某坤可依法减轻处罚，对被告人朱某斌可依法从轻处罚。11名被告人能自愿认罪认罚，均可依法从宽处理。被告人王某林、王某军、陆某、陈某、范某坤、彭某、王某菲、叶某军、陈某东、钟某已退缴违法所得，均可酌情从轻处罚；案涉垃圾源头单位已缴纳生态环境损害应急处置费用，可对各被告人酌情从轻处罚；被告人王某林、陆某、陈某、范某坤、彭某、王某菲、叶某军、陈某东、钟某缴纳生态环境修复费用，可酌情从轻处罚；被告人王某林、陈某、王某菲、叶某军、钟某有预缴财产刑情节，可酌情从轻处罚。结合被告人钟某的犯罪情节和悔罪表现，可对其宣告缓刑。采纳各辩护人提出的上述要求对各被告人从轻处罚的辩护意见。各被告人均至现场目睹所倾倒的垃圾情况，主观上均明知处置垃圾应有相应资质，不得擅自倾倒、堆放，将涉案装修、生活垃圾倾倒至此，亦未采取防雨、防渗等环保措施，势必对周边土壤、地表水、地下水等生态环境造成损害。故相关被告人的辩护人各自就涉案被告人主观恶意方面提出的主观恶性较小等意见，均不予采纳。公诉机关对11名被告人提出的量刑建议适当，予以采纳。

浙江省绍兴市上虞区人民法院依照《中华人民共和国刑法》第二十五条第一款、第二十六条第一款和第四款、第二十七条、第六十五条第一款、第六十七条第一款、第七十二条、第七十三条第二款和第三款、第六十四条、第三百三十八条，《中华人民共和国刑事诉讼法》第十五条，《最高人民法院、最高人民检察院关于办理环境污染刑事案件适用法律若干问题的解释》第三条第五项、第十七条规定，作出如下判决：

一、被告人王某林犯污染环境罪，判处有期徒刑三年九个月，并处罚金人民币八万元。

二、被告人王某军犯污染环境罪，判处有期徒刑三年九个月，并处罚金人民币八万元。

三、被告人陆某犯污染环境罪，判处有期徒刑三年四个月，并处罚金人民币四万元。

四、被告人陈某犯污染环境罪，判处有期徒刑三年，并处罚金人民币三万元。

五、被告人范某坤犯污染环境罪，判处有期徒刑二年八个月，并处罚金人民币三万元。

六、被告人彭某犯污染环境罪，判处有期徒刑二年，并处罚金人民币三万元。

七、被告人朱某斌犯污染环境罪，判处有期徒刑一年六个月，并处罚金人民币二万元。

八、被告人王某菲犯污染环境罪，判处有期徒刑一年二个月，并处罚金人民币二万元。

九、被告人叶某军犯污染环境罪，判处拘役六个月，并处罚金人民币一万元。

十、被告人陈某东犯污染环境罪，判处有期徒刑九个月，并处罚金人民币一万元。

十一、被告人钟某犯污染环境罪，判处拘役六个月，缓刑一年，并处罚金人民币一万元；禁止被告人钟某在缓刑考验期间内从事垃圾处理及相关经营性活动。

十二、涉案作案工具由扣押单位绍兴市公安局上虞区分局予以没收。

十三、已退缴在案的涉案违法所得人民币26.486万元，予以追缴，上缴国库；被告人朱某斌违法所得人民币2万元，继续予以追缴，上缴国库。

十四、收缴在案的生态环境修复费用人民币26.855866万元，上缴国库。

被告人彭某、朱某斌不服一审判决，提起上诉。浙江省绍兴市中级人民法院经审理同意一审法院裁判意见。同时认为朱某斌申请撤回上诉的请求，符合法律规定，应予准许。

浙江省绍兴市中级人民法院依照《中华人民共和国刑事诉讼法》第二百三十六条第一款第一项及《最高人民法院关于适用〈中华人民共和国刑事诉讼法〉的解释》第三百八十三条第二款规定，裁定如下：

一、准许上诉人朱某斌撤回上诉。

二、驳回上诉人彭某的上诉，维持原判。

【法官后语】

该案是一起跨区域非法倾倒填埋建筑垃圾和生活垃圾混合物严重污染环境的案件。案件中的被告人王某林等人，未申报消纳建筑垃圾批准手续，为牟取个人私利，从源头单位收集混合垃圾，联系垃圾运输车辆，未采取任何环保防护设施，直接将混合垃圾非法倾倒至涉案环境，污水产生的渗水被渗排入外环境，最终造成环境污染。整个过程分工明确，形成了由垃圾联系人、垃圾运输车、黑渣土场构成的利益链条。该案坚持全链条、全环节、全流程对非法处置、经营有害废物的产业链进行刑事打击，从案源单位联系人到转运有害废物中间人到下游处置者，均全面追责，同时，对于积极缴纳生态环境修复费用具有悔罪表现的被告人，在量刑上予以从轻处罚，充分彰显宽严相济的刑事政策。判决后法院还向涉案鱼塘发包单位发送司法建议，得到了积极回复，取得了良好的社会效果。

在案件审理过程，法院严格把握污染环境罪构成要件，从污染环境行为发生时间、受损环境应急处置修复情况、生态环境损害鉴定评估意见等角度出发，综合判定涉案污染环境行为造成公私财物损失超过100万元，各被告人均构成污染环境罪，且属后果特别严重。坚持主客观相一致原则，认定涉案未经处理的生活垃圾与建筑垃圾混合物属刑法第三百三十八条规定的“其他有害物质”。另重点关注涉案生态环境修复及修复费用缴纳，经多方努力，涉案鱼塘恢复碧水绿草、生机盎然的景象，173万余元生态环境修复费用全部追缴到位。

1. 对污染环境罪构成要件的把握。

本案中，生态环境局第一时间委托环保科技服务中心开展生态环境损害鉴定评估，证实本案存在明确的污染环境行为，倾倒填埋的未经处理的生活垃圾属于有害物质，认定本案生态环境损害价值共计173万余元。从现场踏勘情况看，受倾倒垃圾影响的浅层地下水颜色发黑。从监测报告看，填埋处及挖开后采集的地表水等环境介质中特定污染物浓度均超过基线20%，确认垃圾填埋对周边水生态环境存在损害。通过卫星示意图对比2018年4月至2019年7月，能明显看出垃圾填埋行为发生前后涉案鱼塘的变化，因此，本案污染环境行为先于损害发生。

案涉的应急处置工作至案件审理时已完成，共清理处置涉案垃圾5957余吨，必然产生包括开挖清运费、处置费等多项开支，评估报告中确定的应急处置费用、生态环境损害数额、事务性费用、鉴定评估费用均系因污染环境行为造成的实际发生的损失，应当认定为公私财物损失。远远超过《最高人民法院、最高人民检察院关于办理环境污染刑事案件适用法律若干问题的解释》后果特别严重100万元的标准。因此，应当依据《中华人民共和国刑法》第三百三十八条的规定，追究各被告人污染环境罪后果特别严重的刑事责任。

2. 对生活垃圾与建筑垃圾混合物性质的认定。

《中华人民共和国刑法修正案（八）》将“其他危险废物”改为“其他有害物质”，对于何谓其他有害物质，在2019年最高人民法院、最高人民检察院、公安部、司法部、生态环境部发布的《关于办理环境污染刑事案件有关问题座谈会纪要》中，将未经处理的生活垃圾明确为常见的有害物质，并规定要坚持主客观相一致原则，从行为人的主观恶性、污染行为恶劣程度、有害物质危险性毒害性等方面进行综合分析判断，准确认定其行为的社会危害性。

结合本案监测报告，涉案倾倒填埋的建筑垃圾与生活垃圾处理混合物含有有害物质，检出汞、铅、锌、锑等重金属，并检出与三氯甲烷相似度达到90%的有机化合物，原垃圾开挖后废水坑中检出三氯甲烷、二氯甲烷、甲醛、邻苯二甲酸正丁酯等有毒有害物质，进一步印证了未经处理的生活垃圾属有害物质，对环境具有危险性毒害性。

3. 在办理环境污染类案件中应当关注生态环境修复赔偿问题。

生态环境局及时制定涉案环境填埋垃圾应急处置工作方案，明确处置工作原则、具体要求及注意要点，同时联系应急处置单位开展现场清理工作，清理出来的建筑垃圾、生活垃圾经分拣后，分别送规范处置单位进行处置。为防止造成二次污染，所有应急处置过程中产生的污水均收集后输送至水处理发展公司进行处置。同时通过跟踪式采样监测方式，第一时间掌握倾倒填埋池塘、整改前后对比及周边环境对比状况。根据2020年5月的监测结果显示，原被垃圾填埋池塘的生态环境已基本恢复。

法院审理阶段，严格遵循环境污染案件“惩罚与修复并行”的工作思路，督促、协同相关职能部门开展生态修复工作，厘清并促使各被告人缴纳了相应的生态环境损害赔偿费用，案发后涉案环境治理完毕、生态环境损害赔偿费用全额到位。该案的审结有力护航了曹娥江流域的生态环境，对于斩断利益链条，打击跨区域环境污染犯罪具有积极示范作用。

编写人：浙江省绍兴市上虞区人民法院　孙芳芳

38

污染环境刑事案件中可将积极履行民事生态修复责任作为酌定情节考量

——环保公司等污染环境案

【案件基本信息】

1. 裁判书字号

浙江省湖州南太湖新区人民法院（2020）浙0591刑初312号刑事判决书

2. 案由：污染环境罪

【基本案情】

2017年6月至2018年6月期间，环保公司作为环保企业，在明知未获得一般固废处置资质、水泥砖原料加工项目未通过环评的情况下，向其他公司购买垃圾焚烧发电项目产生的工业固废炉渣进行加工生产，并将8万余吨炉渣露天堆放在其租赁的运河沿岸码头内，没有采取有效的防风、防雨、防渗等措施。码头距大运河仅30米，为大运河交通要塞。黑色污染物随着雨水渗入土壤，使大运河沿岸土壤环境受到严重破坏。经德清县公安局委托鉴定，鉴定意见为土壤中的铜、锌、铅、镍指标均超标20%以上，造成公私财产损失100万元以上。案发后，环保公司、杨某某共支付污染清理费用109.2万元、缴纳生态环境损害赔偿费用225.72万元、事务性费用42万元，目前非法堆放的工业固废炉渣已经全部清理完毕。

2020年12月1日，浙江省湖州市人民检察院以环保公司的行为造成土壤污染为由向湖州市中级人民法院提起环境民事公益诉讼。环境民事公益诉讼审理过程中，浙江省湖州市中级人民法院先行监督环保公司自行将炉渣清理完毕，后于2020年12月2日主持该公司就污染环境行为造成的生态环境损害赔偿费用与公益诉讼起诉人达成调解协议，该公司在调解协议生效当天履行了全部赔偿费用。

2020年12月4日，德清县人民检察院指控环保公司、杨某某、杨某犯污染环境罪，向浙江省湖州市南太湖新区人民法院提起公诉。

【案件焦点】

1. 环保公司、杨某某、杨某在刑事案件审判前已完成环境民事公益诉讼赔偿义务，是否可以作为酌定从轻处罚情节；2. 如何权衡已履行的民事公益诉讼赔偿责任与刑罚适用标准。

【法院裁判要旨】

浙江省湖州市南太湖新区人民法院经审理认为：环保公司违反国家规定，非法处置有害物质，严重污染环境，造成公私财产损失100万元以上，其行为已构成污染环境罪，杨某某作为该公司直接负责的主管人员，杨某作为该公司其他直接责任人员，其行为均已构成污染环境罪。浙江省湖州市南太湖新区人民法院在量刑上综合了前期公益诉讼的履行情况、土壤污染治污效果及当事人的承受能力，酌情从轻处罚。

浙江省湖州市南太湖新区人民法院判决如下：

一、被告单位环保公司犯污染环境罪，判处罚金人民币二十万元；

二、被告人杨某某犯污染环境罪，判处有期徒刑三年，缓刑三年六个月，并处罚金人民币十万元；

三、被告人杨某犯污染环境罪，判处有期徒刑二年，缓刑二年六个月，并处罚金人民币五万元。

一审判决后，被告人未提起上诉，检察机关未提起抗诉，该判决已发生法律效力。

【法官后语】

污染环境犯罪刑事案件较之普通刑事案件，需平衡把握惩治犯罪和生态修复两项基本目的。如何合理配置刑罚的惩罚功能、预防功能与恢复功能是解决该问题的关键所在。本案对如何将被告人的生态环境损害赔偿责任履行情况、生态环境修复结果作为刑事案件量刑的参考依据进行了实践探索，引导其更积极主动地采取修复措施、履行赔偿义务，达到了较好的生态修复效果。

1. 生态修复可作为酌定量刑情节适用。

污染环境犯罪刑事案件中生态修复的刑罚考量主要依附于“悔罪表现”等一般量刑因素。在刑法中，悔罪表现是量刑的一个重要酌定情节。囿于现行《中华人民共和国刑法》的责任承担体系，生态修复情节只有置于酌定量刑情节之中。本案中，杨某某作为公司直接责任人员，其污染环境的行为造成公私财产损失100万元以上，已经达到《最高人民法院、最高人民检察院关于办理环境污染刑事案件适用法律若干问题的解释》第三条关于“后果特别严重”的认定标准，本该依法判处“三年以上七年以下有期徒刑，并处罚金”。但鉴于其在案件刑事侦查立案后，具有采取应急措施消除污染影响、赔偿全部损失、足额缴纳生态修复资金等积极承担生态修复责任的行为，法院据此认为被告人具有良好的“悔罪表现”，从刑期上酌情予以从轻处罚。

值得注意的是，生态修复量刑情节具有不同于一般量刑情节的明显特征。一般量刑情节是独立的、既定的事实，而生态修复量刑情节是变动的、延续的，其实施的结果关涉修复性司法的成效。因此当生态修复通过悔罪表现来影响量刑时，应注意建立修复行为和悔罪表现的等价关系，即在评价生态修复行为（包括直接修复、替代性修复、代偿性修复）时要注重主观意愿和客观履行效果的统一，重点考察修复行为的呈现效果。仅有修复意愿不可以认定为具有从轻处罚情节。

2. 环境罚金刑与生态修复费用的权衡。

在司法实践中，污染环境刑事案件在罚金刑的科处上往往把污染环境行为造成的生态环境修复费用大小作为一个极其重要的考量因素。罚金刑属于财产刑的一种，其刑法威慑功能主要针对的是贪利性经济犯罪，防止被告人在刑罚结束后基于经济利益的驱动再次实施贪财图利的犯罪行为。污染环境罪的罚金刑裁量，也必须要在总体上符合这一制度设计的原意。污染环境犯罪的“违法收益”包括违法获利和因非法排污而减少支出的污染治理费用，实际支出的犯罪成本不予扣除。《最高人民法院关于适用财产刑若干问题的规定》明确了罚金裁量的几个因素：根据犯罪情节、依据被告人的违法收益、造成损失的大小等，并综合考虑犯罪分子缴纳罚金的能力，依法判处罚金。

在现行法律体系下，被告人具有严重污染环境行为的，将承担多种法律责任，同一行为将面临行政罚款、民事赔偿、刑事罚金等多种处罚。本案的特殊性在于，在刑事案件的审理过程中，检察机关针对同一污染环境行为依法提起民事公益诉讼，在民事公益诉讼部分要求其承担生态环境修复费用，被告人也于刑事判决前先行支付了炉渣的实际清运处置费用（属于部分违法所得）、生态环境修复费用和事务性费用，并积极采取措施排除妨害和消除影响。在这样的情况下，不同的责任承担应仅限于不同的归责范围，在刑事案件罚金的考量上，应进一步明确罚金刑的裁量基准，结合犯罪行为可罚性及当事人履行能力，主要考量污染环境违法行为的违法所得数额大小。在此基础上，再结合考虑损失大小、缴纳能力及犯罪次数、主观恶性等情节作为辅助性因素。

编写人：浙江省湖州南太湖新区人民法院　马俊骏

39

消极处置危险废物污染环境的刑事责任认定

——科技公司等污染环境案

【案件基本信息】

1. 裁判书字号

江苏省南京市中级人民法院（2020）苏01刑终525号刑事裁定书

2. 案由：污染环境罪

【基本案情】

被告单位科技公司系一家生产、销售农药杀菌剂的企业。该公司为减少成本支出，自2015年下半年起在厂区内设置露天堆场堆放产后废料。被告人杨某自2016年6月起任科技公司总经理，全面负责公司的日常经营、管理等事宜。被告人李某自2016年起任科技公司生产经理，于2018年初任副总经理，负责生产的日常运行工作等。为满足经营中不断累积的产后废料堆放需要，杨某、李某等人在明知公司产后废料系危险废物，明知在露天堆场堆放危险废物违反国家规定、所采取的防范措施（地面水泥硬化、设置围堰和收集井、雨布遮盖、日常巡检）达不到危险废物贮存标准的情况下，共同研究决定后对露天堆场进行陆续扩建，建成后面积约7200平方米，并指示、安排工人将产后废料以“产品中间体”名义长期堆放在该露天堆场。其间，产后废料物质时有流失、泄漏、挥发。2019年4月案发后，经称量和鉴定，科技公司露天堆放的产后废料合计约3600吨，属于危险废物。经调查和检测，该露天堆场处地下土壤重金属、无机盐、有机物、石油烃等指标以及地下水氯化物、硫酸盐等部分特征因子超出基准线20%；存放转移危险废物的仓库内空气中检出二氯甲烷，检出浓度为 12.0μg/m³ 至 27.4μg/m³ 不等，大幅超过检出限值 0.4μg/m³。二氯甲烷系列入生态环境部《有毒有害大气污染物名录（2018年）》的大气污染物。案件审理期间，经一审法院组织协调，科技公司支出2400余万元将全部危险废物委托有资质的企业进行了处理。

【案件焦点】

1. 危险废物产生企业长期消极处置危险废物，放任有毒有害物质流失、泄漏、挥发，是否属于刑法意义上的非法处置危险废物；2. 消极处置危险废物构成污染环境罪的，如何认定刑事责任。

【法院裁判要旨】

江苏省南京市玄武区人民法院经审理认为：根据《中华人民共和国固体废物污染环境防治法》规定，产生危险废物的单位，必须按照国家有关规定处置危险废物，不得擅自倾倒、堆放。科技公司擅自设置露天堆场堆放危险废物，虽采取了一定的防护措施，但与生态环境部《危险废物贮存污染控制标准》（GB18597-2001）规定的危险废物贮存设施要求相比存在较大差距，其以“产品中间体”名义长达数年露天堆放数千吨危险废物，放任有毒有害物质流失、泄漏、挥发，应当认定为非法处置危险废物。本案责任主体均明知不符合国家规定而长期露天堆放危险废物，主观上具有放任环境污染的犯罪故意。科技公司违反国家规定，处置有毒物质，后果特别严重，构成污染环境罪，该公司及其辩护人提出的行为未污染环境、不属于非法处置危险废物不构成犯罪的意见不予采纳。被告人杨某、李某系单位犯罪中直接负责的主管人员，应以污染环境罪定罪处罚。科技公司采取了一定的防护措施，非法处置行为有别于一般的积极处置行为，属于消极处置危险废物，所造成的危害后果显著弱于积极非法处置同等数量的危险废物，在量刑时应予充分考量。

江苏省南京市玄武区人民法院依照《中华人民共和国固体废物污染环境防治法》第五十二条、第五十三条、第五十五条，《中华人民共和国刑法》第二十五条第一款、第六十七条第一款、第五十二条、第六十四条、第三百三十八条、第三百四十六条，判决如下：

一、被告单位科技公司犯污染环境罪，判处罚金人民币一千万元；

二、被告人杨某犯污染环境罪，判处有期徒刑一年三个月，并处罚金人民币四十万元；

三、被告人李某犯污染环境罪，判处有期徒刑一年，并处罚金人民币十五万元；

四、追缴被告单位科技公司的违法所得，上缴国库。

被告单位科技公司，被告人杨某、李某不服一审判决，提起上诉。二审审理期间，杨某、李某自愿申请撤回上诉。二审法院经审理认为原审法院认定的事实清楚，证据确实、充分，审判程序合法，定罪准确，量刑适当。杨某、李某撤回上诉，系其真实意思表示，不违反法律规定，应予准许。

江苏省南京市中级人民法院依照《中华人民共和国刑事诉讼法》第二百三十六条第一款第一项等规定，裁定如下：

一、准许上诉人杨某、李某撤回上诉；

二、驳回上诉单位科技公司上诉，维持原判。

【法官后语】

污染环境罪保护的是环境法益，案件办理应坚持环境法益的实质考量。本案处理重点主要在于如何认识危险废物产生企业长期露天堆放、消极处置危险废物的行为性质，以及如何确定消极处置危险废物构成污染环境罪情形下的刑事责任，落实罪责刑相适应的原则要求。2019 年 2 月，最高人民法院、最高人民检察院、公安部、司法部、生态环境部联合发布的《关于办理环境污染刑事案件有关问题座谈会纪要》规定，认定非法排放、倾倒、处置行为时，应从其行为方式是否违反国家规定或者行业操作规范、污染物是否与外环境接触、是否造成环境污染的危险或者危害等方面进行综合分析判断；对未采取相应防范措施将没有利用价值的危险废物长期贮存、搁置，放任危险废物或者其有毒有害成分大量扬散、流失、泄漏、挥发，污染环境的，应认定为非法排放、倾倒、处置行为。

本案中，在案证据能够证实露天堆场所在位置地下土壤无机盐指标、有机物指标以及地下水氯化物、硫酸盐等部分特征因子超出基准线20%，依据生态环境部、国家市场监督管理总局发布的《生态环境损害鉴定评估技术指南 总纲和关键环节 第1部分：总纲》（GB/T 39791.1—2020）规定，能够认定对环境造成了损害；案涉气体检测结果亦表明，露天堆场的产后废料在持续释放大气污染物二氯甲烷，事实上对大气造成了污染；前述行为与后果之间引起与被引起的因果关系符合一般人的认知标准。此外，长期持续露天堆放数千吨危险废物，亦滋生巨大的环境安全隐患。通过对土壤、水体、大气的不利影响综合判定，案涉露天堆放危险废物的行为造成了环境污染的后果。《中华人民共和国刑法》第三百三十八条从立法技术上将污染环境罪的行为类型划分为排放、倾倒、处置三类，有毒有害物质进入外环境的各类行为均应处于三类的语义之内。处置的内涵极为丰富，广义上包括排放、倾倒等在内的一切处理行为，从逻辑的周延性出发，《中华人民共和国刑法》第三百三十八条的“处置”应包括除排放、倾倒以外的各种行为。本案数千吨危险废物长达数年违规堆放于露天环境，行为特征不同于通常的排放、倾倒行为，应认定为非法处置危险废物。《中华人民共和国固体废物污染环境防治法》对“处置”的定义蕴含了对危险废物压缩体量、防害减害化等的正当性要求，案涉露天堆场并非符合环境保护规定要求的场地，本案界定为“非法处置”恰恰体现了行为的非法性特征。

本案非法处置的危险废物数千吨，根据《最高人民法院、最高人民检察院关于办理环境污染刑事案件适用法律若干问题的解释》第三条第二项规定，属于《中华人民共和国刑法》第三百三十八条规定的“后果特别严重”量刑情形。但本案的非法处置行为有别于通常的积极处置行为，被告单位科技公司事实上采取了一定的防护措施，堆场土壤、水体的调查报告在证实环境受损害的同时，亦反映出案涉行为造成的危害后果显著弱于积极非法处置同等数量的危险废物，本案属于怠于履行危险废物处置义务的消极处置行为，在量刑时应充分考量该因素，确保责任主体的罪责刑相适应。科技公司在案发后按要求处置了堆场的危险废物，消除了环境安全风险，亦应作为从轻量刑的重要情节予以考虑。科技公司系营利性企业，本案结合其长期消极处置危险废物节省的防治支出、案发后合法处置的费用等因素，从严确定罚金数额，引导强化对危险废物的源头治理。在确定二被告人的刑事责任时，结合案涉处置方式的特殊性，综合其主观恶性大小、自首情节、认罪悔罪态度、主管人员身份等，在法定刑基础上予以较大幅度减轻处罚；同时，对二被告人均未适用缓刑，从而更好地起到警示教育作用。

编写人：江苏省南京市玄武区人民法院　安洪强

40

暗管排污“外环境”的司法认定

——朱某某污染环境案

【案件基本信息】

1. 裁判书字号

浙江省缙云县人民法院（2021）浙1122刑初第87号刑事判决书

2. 案由：污染环境罪

【基本案情】

2020年8月12日18时许，被告人朱某某在处理工贸公司废水收集池废水时，私自用两根软管插进废水池将未经处理的废水导入雨水沟，排进甲地水域。20时许，浙江省丽水市生态环境局缙云分局执法人员巡查时当场查获朱某某排污行为，并对废水收集池、雨水沟、甲地排污口水体取样，但软管于取样前被拔除。根据《污水综合排放标准》（GB8978-1996）表4一级标准的规定，水污染排放限值为总锌2.0mg/L。经缙云县环境保护监测站检测，废水收集池水样总锌35.1mg/L，雨水沟水样总锌8.40mg/L、甲地排污口水样总锌1.39mg/

L。朱某某主动到公安机关接受讯问，如实供述利用暗管排放工业废水的罪行。公诉阶段，朱某某认罪认罚。

【案件焦点】

在暗管缺失情况下，如何认定隐蔽排污时的外环境。

【法院裁判要旨】

浙江省缙云县人民法院经审理认为：被告人朱某某通过私设暗管逃避监管的方式排放含重金属锌的污染物，属于通过暗管排放有毒物质，其行为构成污染环境罪。被告人主动到公安机关接受讯问，并如实供述自己的罪行，系自首，依法可以从轻或者减轻处罚。被告人自侦查阶段起自愿认罪认罚，依法可以从宽处理。根据被告人的犯罪事实、性质及情节，决定对被告人从轻处罚。

浙江省缙云县人民法院依照《中华人民共和国刑法》第四十二条、第四十四条、第五十二条、第六十七条第一款、第三百三十八条，《最高人民法院、最高人民检察院关于办理环境污染刑事案件适用法律若干问题的解释》第一条第五项、第十二条、第十五条第三项以及《中华人民共和国刑事诉讼法》第十五条规定，判决如下：

被告人朱某某犯污染环境罪，判处拘役四个月，并处罚金15000元。

一审判决后，被告人未提起上诉，检察机关未提起抗诉，该判决已发生法律效力。

【法官后语】

本案处理重点在于通过暗管方式隐蔽排污时外环境的认定。

《行政主管部门移送适用行政拘留环境违法案件暂行办法》（公治〔2014〕853号）第五条第二款规定，暗管是指通过隐蔽的方式达到规避监管目的而设置的排污管道，包括埋入地下的水泥管、瓷管、塑料管等，以及地上的临时排污管道。与一般排污不同，暗管的实质在于隐蔽式排污，如私设暗闸、中途接管、预留小口径暗管等逃避监管，偷排污水的行为。何谓“外环境”？环境保护部、公安部、最高人民检察院联合研究制定的《环境保护行政执法与刑事司法衔接工作办法》（环监〔2017〕17号）第三十七条第二项①以“污染物排入的自然环境”为认定“外环境”的原则，列明4点“视同外环境”的情形。浙江省高级人民法院、浙江省人民检察院、浙江省公安厅、浙江省环保厅于2018年3月27日形成的《关于办理环境污染刑事案件若干问题的会议纪要（三）》第二条第三项②对“外环境”作了进一步解读。关于排放口的问题，根据《污水综合排放标准》（GB8978-1996）规定，按性质及控制方式将排放的污染物分为两类，一是第一类污染物，如铬、镍、汞等，不分行业和污水排放方式，也不分受纳水体的功能类别，一律在车间或车间处理设施排放口采样。二是第二类污染物，如锌、铜等，在排污单位排放口采样。排入GB3838 Ⅲ类水域（划定的保护区和游泳区除外），执行一级标准。

本案中，被告人朱某某通过暗管直排废水到雨水沟进入自然水域。环境保护主管部门取样时，暗管已被拔除。在未固定拔除人员、暗管位置的情况下，如何确定暗管排污的外环境？是废水收集池内还是废水排污口，排污口位置是废水收集池外还是厂区外，行政机关和司法机关对此持不同见解。环境保护主

---

① 《环境保护行政执法与刑事司法衔接工作办法》第三十七条第二项规定，“外环境”，是指污染物排入的自然环境。满足下列条件之一的，视同为外环境：1. 排污单位停产或没有排污，但有依法取得的证据证明其有持续或间歇排污，而且无可处理相应污染因子的措施的，经核实生产工艺后，其产污环节之后的废水收集池（槽、罐、沟）内。2. 发现暗管，虽无当场排污，但在外环境有确认由该单位排放污染物的痕迹，此暗管连通的废水收集池（槽、罐、沟）内。3. 排污单位连通外环境的雨水沟（井、渠）中任何一处。4. 对排放含第一类污染物的废水，其产生车间或车间处理设施的排放口。无法在车间或者车间处理设施排放口对含第一类污染物的废水采样的，废水总排放口或查实由该企业排入其他外环境处。

② 《关于办理环境污染刑事案件若干问题的会议纪要（三）》第二条第三项规定，对于“外环境”的理解，依据《衔接办法》第三十七条第二项的规定执行。具有下列情形之一的，视同为外环境：1. 设有集中处理第一类污染物处理设施的，其处理设施废水排放口；2. 除《污水综合排放标准》（GB8978-1996）外，其他污染物排放标准中要求在车间或生产设施废水排放口采样的污染物，参照第一类污染物排入“外环境”有关情形认定；3. 除上述情况外，违反国家规定，向雨水管网、生活污水管网和工业污水管网排放、倾倒、处置有放射性的废物、含传染病病原体的废物、有毒物质或其他有害物质，进入纳管网处即视同为排入“外环境”，具有《最高人民法院、最高人民检察院关于办理环境污染刑事案件适用法律若干问题的解释》规定相关情形的，应当认定为“严重污染环境”。

管部门结合本案设有集中处理第一类污染物处理设施、废水收集池外排到雨水沟、暗管拔除排放口不确定的情形，以暗管通向的雨水沟作为排污口，确认隐蔽排污的“外环境”，同时对收集池、雨水沟、雨水沟到自然水域甲地排污口分别取样，用于废水监测①；公安机关采“外环境”原则性认定标准，认为污水进入厂区雨水沟外自然水域为排污口；公诉机关直接以废水收集池内认定“外环境”。本案裁判认为，当场查获暗管排放且在暗管拔除的情况下，仍能通过环境保护主管部门执法人员现场查获的情况，认定行为人通过暗管连通废水收集池向外环境排污，符合《环境保护行政执法与刑事司法衔接工作办法》第三十七条第二项第二点“发现暗管，虽无当场排污，但在外环境有确认由该单位排放污染物的痕迹，此暗管连通的废水收集池（槽、罐、沟）内”的实际精神，公诉机关的认定标准更符合客观情况，最终采纳公诉机关的认定意见，以暗管排放情形下，废水收集池内视同外环境作为本案“外环境”的判断标准。

编写人：浙江省缙云县人民法院　李少青

① 关于监测点取样的问题，喻海松提出，对于超标排放污染物的监测取样点应当依据环境监测的相关规定，不一定要以最终排入外环境为标准。主要考虑如下：（1）污染环境罪属于行政犯。超标倍数的判断，自然应当根据环境检测行政法律法规的规定进行。而从相关规定来看，相关监测点不一定是排入外环境的点位（有的是生产车间的排污口，而非企业排污口）。（2）如果要求以排入外环境作为监测取样点，则可能导致行为人恶意利用法律漏洞，无法体现污染环境罪的规制宗旨。参见喻海松：《污染环境罪若干争议问题之厘清》，载《法律应用》2017年第23期。

41

环境民事公益诉讼中公司人格否认制度的法律适用及认定标准

——纸业公司等污染环境案

【案件基本信息】

1. 裁判书字号

云南省昆明市西山区人民法院（2021）云0112刑初752号刑事附带民事公益诉讼判决书

2. 案由：污染环境罪

【基本案情】

被告单位纸业公司于2005年11月16日成立，公司注册资本100万元。黄某海持股80%，黄某芬持股10%，黄某龙持股10%。黄某海任纸业公司法定代表人、执行董事兼总经理，黄某芬任监事。李某城任后勤厂长。纸业公司自成立起即在案涉河道一侧埋设暗管接至公司生产车间的排污管道，用于排放生产废水。经鉴定，纸业公司偷排废水期间，案涉河道内水质指标超基线水平13.0~239.1倍，上述行为对案涉河道地表水环境造成污染，共计减少废水污染治理设施运行支出3009662元，对应造成的环境污染损害数额共计10815021元。偷排生产废水对案涉河道底泥中硫化物、硫酸根、砷、汞、镉、铅、镍物质成分含量增加有直接贡献，对案涉河道底泥物质成分含量变化造成的影响持续存在。不仅损害案涉河道生态环境，同时破坏下游生态流域屏障。

纸业公司在经营中存在：1. 股东个人银行卡收支公司应收资金共计124642613.1元，不作财务记载；2. 将公司财产9套房产（市值8920611元）记载于股东及股东配偶名下，由股东无偿占有；3. 公司财产与股东财产无法区分，股东自身收益与公司盈利不加区分，公司与股东利益不清。公司账簿与股东账簿不分，公司财产与股东财产、股东自身收益与公司盈利难以区分。纸业公司自案发后已全面停产，对公账户可用余额仅为18261.05元。2020年7月10日，昆明市公安局西山分局给予李某城行政拘留五日的行政处罚，已履行完毕。

某区人民检察院指控纸业公司、黄某海、李某城犯污染环境罪，向法院提起公诉，并对该公司及其股东黄某海、黄某芬、黄某龙等人提起附带民事公益诉讼，请求否认纸业公司独立人格，由股东黄某海、黄某芬、黄某龙对纸业公司生态环境损害赔偿承担连带责任。

【案件焦点】

被告黄某海、黄某芬、黄某龙是否应对纸业公司债务承担连带责任。

【法院裁判要旨】

云南省昆明市西山区人民法院经审理认为：企业在生产经营过程中，除谋求自身经济利益最大化，还应承担合理利用资源、采取措施防治污染、履行保护环境的社会责任。被告单位纸业公司无视企业环境保护社会责任，违反国家法律规定，在无排污许可的前提下，未对生产废水进行有效处理并通过暗管直接排放，严重污染环境，符合《中华人民共和国刑法》第三百三十八条之规定，构成污染环境罪。被告人黄某海、李某城作为被告单位纸业公司直接负责的主管人员和直接责任人员，在单位犯罪中作用相当，亦应以污染环境罪追究其刑事责任。

纸业公司擅自通过暗管将生产废水直接排入案涉河道，参与案涉河道流域水环境生态系统的物质循环，不仅损害案涉河道生态环境，同时破坏下游金沙江生态流域屏障，造成高达10815021元的生态环境损害，其行为构成对环境公共利益的严重损害，应当对环境遭受的损害承担赔偿责任。

关于黄某海、黄某芬、黄某龙是否应对纸业公司债务承担连带责任。公司法人人格独立与股东有限责任是公司法的基本原则，否认公司独立人格，由滥用公司法人独立地位和股东有限责任的股东对公司债务承担连带责任，属于股东有限责任的例外情形，旨在矫正有限责任制度在特定法律事实发生时对债权人保护失衡现象。根据《中华人民共和国公司法》第二十条规定，否定公司人格，并导致股东承担连带责任，须同时满足两个要件：（1）股东滥用公司法人独立地位和股东有限责任；（2）滥用公司法人独立地位和股东有限责任严重损害了公司债权人利益。首先，纸业公司股东、投资人、法定代表人黄某海与公司股东黄某芬系翁媳关系，与纸业公司股东黄某龙系父子关系。对股东个人账户与公司之间频繁的资金往来以及对公司财产无偿占有等情形，黄某海、黄某芬、黄某龙、纸业公司均未作出合理解释，故黄某海、黄某芬、黄某龙与纸业公司已构成股东与公司人格高度混同，可以认定属《中华人民共和国公司法》第二十条第三款规定的股东滥用公司法人独立地位和股东有限责任的行为。其次，公司债权根据发生原因可以分为公司侵权债权与公司合同债权，其中，公司侵权债权是在侵权行为造成损失之后形成的。本案民事公益诉讼起诉人代表受到损害的环境公共利益，向纸业公司主张生态环境损害赔偿属于应用公司自身财产进行清偿的债务，公益诉讼起诉人业已转化为公司债权人。由于纸业公司造成的生态环境损害数额合计 10944521 元，远高于其注册资本 1000000 元，且纸业公司自案发后已全面停产，对公账户可用余额仅为 18261.05 元，表明黄某海、黄某芬、黄某龙前述随意夺取公司财产、个人财产与公司财产混杂不清的事实已极大降低纸业公司偿还债务的能力，对环境侵权债权人合法权益造成严重损害。

综上，黄某海、黄某芬、黄某龙作为纸业公司股东，滥用公司法人独立地位和股东有限责任，以致纸业公司责任财产流失，债务清偿能力受到极大影响，严重损害环境侵权债权人的合法利益，满足《中华人民共和国公司法》第二十条第三款规定的股东承担连带责任之要件，黄某海、黄某芬、黄某龙应对纸业公司的环境侵权债务承担连带责任。

云南省昆明市西山区人民法院依照《中华人民共和国刑法》第三百三十八条、第三十条、第三十一条、第三百四十六条、第四十七条、第五十二条、第五十三条，《中华人民共和国民法典》第一千二百二十九条、第一千二百三十

条、第一千二百三十五条，《中华人民共和国公司法》第二十条第三款，《中华人民共和国环境保护法》第四十二条、第六十四条，《中华人民共和国行政处罚法》第三十五条，《最高人民法院关于审理环境民事公益诉讼案件适用法律若干问题的解释》第十八条、第二十二条，《最高人民法院、最高人民检察院关于办理环境污染刑事案件适用法律若干问题的解释》第一条第八项、第三条第六项、第十一条，《最高人民法院、最高人民检察院关于检察公益诉讼案件适用法律若干问题的解释》第四条、第二十条规定，判决如下：

一、纸业公司犯污染环境罪，判处罚金 2000000 元；

二、黄某海犯污染环境罪，判处有期徒刑三年六个月，并处罚金 500000 元；

三、李某城犯污染环境罪，判处有期徒刑三年六个月，并处罚金 500000 元；

四、纸业公司在本判决生效后十日内承担生态环境损害赔偿 10815021 元，以上费用付至昆明市环境公益诉讼救济专项资金账户用于生态环境修复；

五、纸业公司在本判决生效后十日内支付某区人民检察院鉴定检测费用合计人民币 129500 元；

六、被告黄某海、黄某芬、黄某龙对被告纸业公司负担的第四项、第五项生态环境损害赔偿和鉴定检测费用承担连带赔偿责任。

一审判决后，被告人未提起上诉，检察机关未提起抗诉，该判决已发生法律效力。

【法官后语】

本案有效解决了环境民事公益诉讼案件中如何适用公司法人人格否认的问题，丰富了公司法人人格否认制度的适用范围，确立了在公司法框架内股东滥用权利逃避公司环境侵权债务责任承担的裁判规则，为完善公司法人人格否认适用范围，增加对环境保护等社会公共利益的关注提供了思路和建议。

一、公司法人人格否认的一般原理

公司法人人格否认又称“揭开公司面纱”“公司法人资格否认”“股东直索

责任”。2005年，《中华人民共和国公司法》第二十条第三款首次对公司法人人格否认制度作出成文法规定；2019年，最高人民法院发布《全国法院民商事审判工作会议纪要》，概括了适用公司法人人格否认常见的三种情形；2020年，《中华人民共和国民法典》将该项制度纳入总则，并将适用主体范围扩大至“营利法人的出资人”。

公司法人人格否认制度的内涵包括：第一，遵循个案认定原则，对公司人格否认的适用并非对法人人格永久、全面的剥夺，其效力范围仅限于特定法律关系中，不具有普遍约束力和适用性。第二，公司法人人格否认的目的在于平衡股东利益与债权人利益，当公司制度运行产生实质性不公正法律后果时，法官可突破公司独立人格，责令股东承担责任。第三，公司人格被否定之后，股东需以其资产对公司债务承担连带责任，其实质为无限连带责任。第四，公司法人人格否认属于事后救济手段，是公司人格独立和股东有限责任的例外和补充。

二、公司法人人格否认制度在环境民事公益诉讼案件中适用的正当性

首先，将公司环境侵权债务纳入公司人格否认制度适用范围并未突破《中华人民共和国公司法》第二十条第三款之意涵。运用体系解释和扩张解释，可以将环境民事公益诉讼案件中公益诉讼起诉人也归入公司债权人，当其享有的环境公益损害之民事救济请求权受到股东滥用行为严重损害时，等同于公司债权人利益受到严重损害，可援引公司法人人格否认制度追究股东责任。

其次，在环境民事公益诉讼案件中适用公司法人人格否认制度有助于提升对弱势债权人的保护。环境民事公益诉讼案件中，环境公益损害相较于私人权益损害有更强的被动性，当股东滥用权利导致其环境公益损害无法得到修复和赔偿时，直接追究股东责任是更为合理的救济路径。

再次，追究股东连带赔偿责任并未加重环境侵权人本应承担的责任，符合公平原则。公司实施环境侵权行为，造成严重后果的，通常会受到行政处罚。构成犯罪的，按照环境刑事责任双罚性原则，还要依法追究公司及其直接负责的主管人员和直接责任人员的刑事责任。此外，按照行政责任、刑事责任与民

事责任独立的原则，公司还应承担生态环境损害的民事赔偿责任（在环境民事公益诉讼案件中具体表现为对环境公益损害的修复和赔偿责任），如果发现公司股东滥用权利转移或减少公司责任财产，以逃避上述责任时，就应当适用公司法人人格否认制度追究股东连带责任，这也体现出司法对公司法人人格否认制度既审慎适用，又当用则用的态度。

最后，在环境民事公益诉讼案件中适用公司法人人格否认制度对完善公司内部治理和决策，推动生产企业自觉降低环境损害风险具有重要意义。在环境民事公益诉讼案件中适用公司法人人格否认制度，是对股东不法行为的有效规制，长远来看，能够激励股东主动完善内部治理，调整公司决策，自觉承担环境保护的社会责任，充分体现了法律的救济功能、惩罚功能和预防功能。

三、公司法人人格否认制度在环境民事公益诉讼案件中的具体适用

（一）须主体适格。提起公司人格否认的原告只能是公司环境侵权债权人。适格被告应为公司及其股东，股东原则上应为一人公司的股东、控股股东和实际控制人，公司中的中小股东一般不应成为被告。此外，还须被诉公司合法有效成立。在公司未取得法人资格、法人资格被消灭或独立人格存在其他无效事由时所产生的债务清偿问题都有特定的救济方法，不能适用公司法人人格否认制度。

（二）须股东客观上存在滥用公司独立人格和股东有限责任的行为。基于《全国法院民商事审判工作会议纪要》的论述和学理解释，股东滥用行为主要表现为人格混同、过度支配与控制、资本显著不足等行为。其中，认定人格混同最根本的判断标准是公司是否具有独立意思表示和独立财产。认定过度支配与控制时，应重点审查公司股东有无操纵公司决策过程，使公司沦为控股股东的工具或躯壳；控股股东或实际控制人控制多个子公司或者关联公司时，有无滥用控制权使多个子公司或者关联公司财产边界不清、财务混同，利益相互输送，沦为控股股东或实际控制人逃避债务、非法经营，甚至违法犯罪工具的情形。还应着重审查的是母公司是否通过设立子公司从事环境侵权风险较高的生产经营活动，在获取经营利润的同时，规避未来可能产生的环境侵权损害赔偿。

认定资本显著不足时，应重点审查公司设立后在经营过程中，股东实际投入公司的资本数额与公司经营所隐含的风险，尤其是与重大环境风险相比明显不匹配的情形。

（三）须股东滥用公司人格独立和股东有限责任的行为严重损害了公司债权人的利益。司法实践中，认定“严重损害公司债权人利益”时，主要以公司能否清偿债务为限，只有当公司已经丧失清偿债务能力时，公司人格否认才有实际意义。在环境民事公益诉讼案件中，对“严重损害公司债权人利益”的认定主要是看股东滥用行为有没有使公益诉讼起诉人提出的对环境公益损害修复和赔偿的责任无法实现。此外，环境民事公益诉讼中造成的生态环境损害往往难以通过金钱赔偿得以恢复，在此类案件中，不仅要衡量公司实现环境公益损害修复和赔偿责任的能力，还应结合环境侵权方式、侵权性质，所侵害环境公益恢复的难易程度、是否属于重复侵权等因素进行综合判断，具体情况可以在今后实践中继续探索，根据个案情况予以认定。

编写人：云南省昆明市西山区人民法院　杨越

ISBN 978-7-5216-3289-7

图书在版编目（CIP）数据

中国法院 2023 年度案例. 土地纠纷：含环境资源纠纷 / 国家法官学院，最高人民法院司法案例研究院编. —北京：中国法制出版社，2023. 5
ISBN 978-7-5216-3289-7

Ⅰ. ①中… Ⅱ. ①国… ②最… Ⅲ. ①土地-民事纠纷-案例-汇编-中国 Ⅳ. ①D920. 5

中国国家版本馆 CIP 数据核字（2023）第 026399 号

策划编辑：李小草　韩璐玮（hanluwei666@ 163. com）
责任编辑：韩璐玮　　封面设计：李宁

中国法院 2023 年度案例. 土地纠纷：含环境资源纠纷
ZHONGGUO FAYUAN 2023 NIANDU ANLI. TUDI JIUFEN：HAN HUANJING ZIYUAN JIUFEN

编者/国家法官学院，最高人民法院司法案例研究院
经销/新华书店
印刷/三河市紫恒印装有限公司
开本/730 毫米×1030 毫米　16 开　　印张/ 13. 5　字数/ 165 千
版次/2023 年 5 月第 1 版　　2023 年 5 月第 1 次印刷

中国法制出版社出版
书号 ISBN 978-7-5216-3289-7　　定价：69. 00 元

北京市西城区西便门西里甲 16 号西便门办公区
邮政编码：100053　　传真：010-63141600
网址：http：//www. zgfzs. com　　**编辑部电话：010-63141790**
市场营销部电话：010-63141612　　**印务部电话：010-63141606**

（如有印装质量问题，请与本社印务部联系。）